BAnt

ROSSAZZURRI
INDIMENTICABILI

GLI ALLENATORI DEL CATANIA

Grazie a tutta la squadra di "Tutto il Catania Minuto per Minuto" per i preziosi suggerimenti e l'aiuto nella selezione dei protagonisti del volume.

Grazie all'Agenzia Scritturiamo che ha curato l'editing del volume.

Della stessa collana, "Rossazzurri Indimenticabili: i Presidenti del Catania".

Copyright © 2023 BAnt
Tutti i diritti riservati.

Indice

36 condottieri scelti seguendo il cuore V

Premessa VII

1. Piero Andreoli (1953-1956) 1

2. Francesco Baldini (2021-2022) 4

3. Silvio Baldini (2007/08) 6

4. Salvatore Bianchetti (1992/93) 8

5. Angelo Busetta (1994/95,1996/97) 11

6. Stefano Colantuono (2003/04) 14

7. Lajos Czeizler (1932/33) 16

8. Piero Cucchi (1998/99) 19

9. Aquilino "Lino" De Petrillo (1979-1980) 22

10. Carmelo Di Bella (1959-66, 1971/72, 1976/77) 25

11. Gianni Di Marzio (1982-1983) 28

12. Giovan Battista Fabbri (1983/84) 31

13. Giovanni Ferraro (2022/23) 34

14. Marco Giampaolo (2010/11) 36

15. Francesco Graziani (2022) 38

16. Vincenzo Guerini (2000/01, 2003) 41

17. Osvaldo Jaconi (1987) 44

18. Géza Kertész (1932-1936, 1941/42) 47

19. Rolando Maran (2012-2014) 51

20. Pasquale Marino (2005-2007) 54

21. Guido Mazzetti (1973/74, 1976, 1978, 1980-1982, 1985/86) ..58

22. Gianni Mei (1996-1998) 62

23. Siniša Mihajlović (2009/10) 64

24. Vincenzo Montella (2011/12) 67

25. Bruno Pace (1986-1989) 69

26. Maurizio Pellegrino (2002, 2014/15) 71

27. Gennaro Rambone (1974/75, 1979/80, 1985/1987) 75

28. Antonio "Mimmo" Renna (1984/85) 78

29. Egizio Rubino (1968-1971, 1974-1976) 80

30. Carmelo "Melo" Russo (1988-1989) 84

31. Diego Simeone (2010/11) 86

32. Giovanni Simonelli (1999/2000) 88

33. Nedo Sonetti (2004/05) 90

34. John Benjamin Toshack (2002/03) 92

35. Luigi Valsecchi (1965/66, 1967/68, 1971-1972, 1976/77) 95

36. Walter Zenga (2008-2009) 99

Bibliografia 102

Sitografia 103

36 condottieri scelti seguendo il cuore

Ci avviciniamo al centenario della nascita del Catania, la squadra di calcio della città all'ombra dell'Etna.

Dal 1929 al 1943; dal 1946 al 2022; dal 2022 a oggi: tre cicli che hanno creato una traiettoria accidentata, irregolare, in cui i successi sono stati celebrati con un trasporto maggiore rispetto ad altre piazze, perché sono stati più preziosi, più voluti, desiderati più a lungo. Dietro a ogni impresa sportiva, c'è sempre una struttura che ha creato le condizioni per giungere al traguardo e, normalmente, è l'allenatore il condottiero a cui tutti i tifosi affidano le proprie speranze di coronare un sogno.

BAnt, Antonio Buemi, ci ha già raccontato i presidenti, i "rossazzurri indimenticabili" che sono stati dietro il percorso del Catania. Ci presenta ora le caricature degli allenatori, con le loro storie in prima persona. Non sono tutti: sarebbe stata un'impresa improba – forse esagerata – tracciare le vite dei 107 mister etnei, da Spata a Tabbiani, che si sono alternati in 138 gestioni tecniche. Ne ha scelti 36, tutti con un forte punto di contatto con la storia personale dell'autore: tanti sono i protagonisti della risalita dall'Eccellenza alla Serie A e della seguente discesa fino in Serie D. È il periodo in cui Antonio cresceva e la sua fede rossazzurra si consolidava. È il periodo in cui il gruppo di "Tutto il Catania minuto per minuto" studiava, ideava, scriveva e pubblicava l'enciclopedia che ha riscritto la storia della società calcistica etnea. Ce n'è anche tanti precedenti a quel periodo, le cui traiettorie sono state ricostruite con interviste dirette o con il minuzioso lavoro in biblioteca durato decenni.

Questo libro deve avere un posto speciale nella biblioteca di ogni tifoso rossazzurro perché con agilità e leggerezza permette di saltare da un periodo all'altro e approfondire la conoscenza dei 36 protagonisti. Ci sono le storie di proclami sfortunati come quello di Gianni Mei nel '97, quelle di amori mai sopiti per la maglia, come quelli di Pellegrino, Mazzetti, Di Bella o Rubino, di tecnici fatti in casa come Bianchetti o Russo. E soprattutto ci sono le caricature, piccole opere d'arte che ritraggono gli allenatori e ne immortalano la personalità. Ci vuole talento per realizzare un condensato del genere!

I miei capitoli preferiti? Quelli su Géza Kertész, Pasquale Marino, Vincenzo Guerini e Siniša Mihajlović. Come BAnt, anch'io ho fatto queste quattro scelte per motivi di cuore; ma anche perché queste storie esaltano il modo di raccontare dell'autore: con metodo, con precisione, con equilibrio, con la passione di un tifoso diventato storico dell'epopea rossazzurra.

Roberto Quartarone
Giornalista e insegnante d'inglese

Premessa

Questo secondo volume di Rossazzurri Indimenticabili, a differenza del primo che è dedicato a tutti i Presidenti del Catania, è una selezione di 36 fra i tanti allenatori che si sono avvicendati sulla panchina del sodalizio etneo.

Non si tratta necessariamente dei "migliori", ma di quelli che hanno saputo lasciare il segno, non solo tramite i risultati. Ammetto dunque che si tratta di scelte personali ed arbitrarie, sperando di non essermi macchiato di esclusioni ingiuste.

Proprio perché si tratta di una selezione, ho presentato i diversi protagonisti in ordine alfabetico, costruendo un vocabolario rossazzurro in cui ogni voce può essere consultata indipendentemente dalle altre.

Ho mantenuto l'artificio narrativo di far raccontare in prima persona a ciascun protagonista la propria esperienza, pur avendo ricostruito la storia di ognuno attraverso fonti indirette.

BAnt

Capitolo 1
Piero ANDREOLI
1953-1956

È stato un onore portare il Catania per la prima volta in Serie A nel 1954. Il mio Presidente Giuseppe Rizzo e io lavorammo sul consolidamento dei rapporti umani, prima ancora che sulle qualità tecniche dei giocatori, e mi piace pensare che sia stato questo a fare la differenza.

Quello era il Catania del capitano Nicola Fusco e del futuro commissario tecnico dell'Italia campione del mondo 1982 Enzo Bearzot, di Varo Bravetti e Ferruccio Santamaria, di Franco Bassetti, Bruno Micheloni e Guido Klein.

Fra la sesta e la tredicesima giornata inanellammo sette vittorie consecutive, un record a lungo imbattuto per il club. Concludemmo la nostra cavalcata precedendo di due lunghezze Pro Patria e Como, che erano appena retrocesse dalla A. Pareggiando sul campo dei lariani conquistammo il punto che ci consentì di festeggiare la promozione con una giornata di anticipo.

Rimase nella storia l'accoglienza che ci riservarono i catanesi al nostro ritorno, posticipato al 2 giugno 1954, dopo l'ultima trasferta che terminò con una sconfitta indolore a Valdagno. Ci fu una lentissima processione di 30 km da Giarre a piazza Duomo, culminata con l'incontro con il sindaco Luigi La Ferlita.

Il sogno continuò pure in Serie A.

Vestivano il rossazzurro pezzi da novanta come il centrocampista Karl Aage Hansen, il portiere Ezio Bardelli e gli attaccanti Karl-Heinz Spikofski e Vittorio Ghiandi, furono confermati gli eroi della promozione (ad eccezione di Bearzot che andò al Torino) e conquistammo un bel dodicesimo posto prendendoci tante soddisfazioni al cospetto dei club più ricchi e blasonati.

Si prospettava un lungo ciclo vincente, invece tutto andò in malora per lo scandalo Scaramella, l'arbitro che sarebbe stato corrotto dal vicepresidente Giuseppe Galli per aggiustare alcune partite. Quel pasticcio mai chiarito ci costò la retrocessione a tavolino e, cosa ben più grave, l'impegno del

Presidente Rizzo che, pur essendo del tutto estraneo alla vicenda, decise di lasciare Catania, il Catania e il calcio.

Il Comune, che di fatto gestiva il club, per tentare la riscossa si affidò ad una triade di imprenditori: Agatino Pesce, Michele Giuffrida e Mario Orlando. Dopo una breve trattativa restai al mio posto. La squadra fu ritoccata con qualche elemento di categoria e rimase un complesso sulla carta degno del massimo campionato.

Non bastò.

Dopo un girone condotto testa a testa con Udinese e Palermo, perdemmo terreno e, quando fu chiaro che l'obiettivo Serie A fosse irraggiungibile, feci posto ad Enzo Bellini che concluse la stagione.

La mia carriera ripartì da Vicenza e proseguì a buoni livelli in giro per l'Italia. Quando si avvicinava il tramonto tornai in Sicilia, dove allenai Trapani, Massiminiana, Siracusa, Caltagirone e, alla mia ultima stagione, l'Avola, nel 1972/73.

Per godermi il meritato riposo tornai nella mia Verona, dove mi spensi il 16 giugno 1984, a 73 anni.

Capitolo 2
Francesco BALDINI
2021-2022

Sono stato l'ultimo inquilino della panchina del Calcio Catania 1946, un modo molto triste di passare alla storia.

Negli almanacchi resta solo il primo scorcio della mia esperienza al Catania, quello iniziato nella primavera 2021, quando rilevai Giuseppe Raffaele. Il club cercava un equilibrio impossibile fra l'ambizione di tornare in Serie B e la necessità di ridimensionare i debiti per decine di milioni accumulati da Nino Pulvirenti e incautamente rilevati dalla SIGI, una compagine di piccoli imprenditori estranei al calcio messa insieme da Maurizio Pellegrino.

Dopo l'eliminazione al primo turno degli spareggi promozione per mano del Foggia firmai un biennale e mi rimisi al lavoro. Partimmo male ma ci allontanammo presto dalla zona pericolosa, trascinati da un giovanotto arrivato in sordina l'ultimo giorno di calciomercato in prestito secco: Luca Moro, classe 2001. Puntai forte sul ragazzino che mi pareva un calciatore completo ed ebbi ragione. Segnò in tutti i modi, di destro e di sinistro, di testa e su rigore collezionando 18 reti nel solo girone di andata, due delle quali ci regalarono la strepitosa vittoria sul Palermo. Poi arrivò, improvviso ma non inatteso, un drammatico epilogo in due atti. Poco prima di Natale il tribunale dichiarò fallito il Calcio Catania, ma lasciò attivo il ramo sportivo, in attesa di un'asta per aggiudicarlo al miglior offerente. Io e i miei ragazzi restammo sul pezzo lottando per i *play-off*, ma il 9 aprile 2022 un'altra sentenza mise la pietra tombale sulla società, la federazione ritirò l'affiliazione, cancellò tutti i nostri risultati e riscrisse la classifica di conseguenza.

Ecco perché di quella stagione non resta traccia negli almanacchi.

Seguì l'ultimo, commovente bagno di folla a Torre del Grifo, prima della smobilitazione.

Poi mesi di incertezze finché il sipario non si riaprì alla grande con l'avvento di Ross Pelligra.

Ma questa è un'altra storia.

Capitolo 3
Silvio BALDINI
2007/08

Se qualcuno dovesse scrivere un libro sul Catania 2007/08, metterebbe in copertina il mio celeberrimo calcio all'allenatore del Parma, Mimmo Di Carlo, sferrato al mio esordio in rossazzurro. Un episodio disdicevole di cui non mi sono mai pentito (anche se dopo un po' me ne scusai), che tuttavia racconta solo l'aspetto peggiore del mio carattere. Pietro Lo Monaco mi aveva scelto come successore di Pasquale Marino nella stagione del ritorno alla normalità dopo la tragedia del 2 febbraio 2007, che era costata la vita all'Ispettore di Polizia Filippo Raciti. Il girone di andata filò liscio, poi la macchina si inceppò, forse per la paura di rivivere il crollo verticale del campionato precedente. Fatto sta che, dopo la sconfitta interna con il Torino che ci fece precipitare al terz'ultimo posto, rassegnai le mie dimissioni e toccò a Walter Zenga condurre la squadra alla salvezza. Così non riuscii a cancellare del tutto il ricordo di quella prima istantanea della stagione, ma non mi importa. Ci sarebbe piuttosto da ricordarmi per aver saputo vincere il derby di Sicilia su entrambe le panchine, sempre al "Massimino". Il 9 novembre del 2003 il mio Palermo passò 2-0 con un po' di fortuna. Mi feci perdonare con il 3-1 rifilato ai rosanero il 2 dicembre 2007.

Nel capoluogo ero andato soprattutto per l'esoso stipendio accordatomi dal presidente Maurizio Zamparini. Fui esonerato al termine del girone di andata nonostante il terzo posto in classifica. A conti fatti, feci più punti del mio successore Francesco Guidolin, dal quale non ricevetti nemmeno una telefonata di ringraziamento dopo la conquista della promozione. Poco male, è evidente che il calcio non è un mondo del tutto mio, tanto che dall'ottobre del 2011 al giugno del 2017 mi presi una pausa. Fu il mio modo per scrollarmi di dosso quella insensata cappa di stress e frenesia che mi attanagliava quando avevo la responsabilità di una panchina.

Insomma, il calcio ha più bisogno di me di quanto io abbia bisogno del calcio, forse per questo le nostre strade si incrociano sempre meno spesso.

Capitolo 4
Salvatore BIANCHETTI
1992/93

È stato come aver trascorso tutta la lunga gavetta da allenatore per affilare le armi che mi sarebbero servite a vincere un'unica, grande battaglia, buona per entrare dritto dritto nella storia del Catania.

Era la fine di febbraio del 1993, e dopo anni nel settore giovanile, avevo la responsabilità della prima squadra. Angelo Massimino era tornato per la terza volta alla guida del club per rimettere in sesto la società, ma anche per ricominciare a vincere, visto che da troppo tempo annaspavamo in Serie C1.

Dopo un inizio esaltante, in cui la mia vocazione per il gioco offensivo sembrava dare i suoi frutti, ci attardammo in classifica. Non esistevano ancora i *play-off*, così eravamo concentrati su una difficile rimonta. Sulla nostra strada c'era il Palermo, che veleggiava verso la promozione.

Il Cavaliere voleva fermarli nel derby, che era un'occasione d'oro per accorciare la classifica, e ne parlò apertamente anche in TV, fra l'ilarità e il disappunto dei tifosi d'occidente.

Eravamo sfavoriti soprattutto perché giocavamo in trasferta. Ci preparammo di conseguenza con la massima attenzione, sperando che i nostri avversari cadessero nell'errore di sottovalutarci o sentissero troppo la pressione.

La partita si mise presto bene, come avevo sperato.

Reggemmo benissimo all'avvio e colpimmo su punizione con Loriano Cipriani sul finire del primo tempo. Un gol eccezionale, da distanza siderale, che rimase scolpito nella memoria dei tifosi.

Quando i rosa rimasero anche in inferiorità numerica, la gestione della gara divenne più facile e non faticammo a portare a termine l'impresa, anche se il raddoppio di Gianfranco Palmisano arrivò solo nel finale e dopo sprecammo numerose occasioni per triplicare.

Finì 2-0 per noi e subito scoppiò la festa, con i tifosi che ci vennero a prendere in serata all'uscita dell'autostrada.

Momenti indimenticabili.

La nostra rimonta però non andò a buon fine e al termine della stagione scoppiò il primo "caso Catania", con l'esclusione dal campionato e la successiva riammissione in Eccellenza.

Fu allora che mi trasferii nel girone nord della C1. Presi il Crevalcore all'ultimo posto e lo salvai senza ricorrere agli spareggi, poi andai alla Spal, subentrando a Vincenzo Guerini e mancando la promozione in B ai *play-off*.

Ebbi la possibilità di tornare in rossazzurro nel 1997, in C2, ma alcuni tifosi contestarono il mio ingaggio e io me ne andai.

A Catania lasciai comunque il segno. Ho sempre insegnato calcio, costruendo dalle fondamenta in un contesto in cui mancava tutto: non c'erano strutture per la prima squadra, figuriamoci per le giovanili. Mancava pure la mentalità giusta per far crescere il vivaio.

Non ebbi comunque paura di mettermi in gioco andando lontano dalla mia città. Arrivai persino in Bulgaria e in Slovenia, senza mai abbandonare la mia scuola calcio ai piedi dell'Etna.

Capitolo 5

Angelo BUSETTA

1994/95, 1996/97

Sono uno dei tanti catanesi non di nascita ma di adozione. Sono nato a Palermo il 21 gennaio 1941 e mi sono trasferito a Catania per costruire una famiglia insieme a mia moglie Barbara, nativa di Paternò.

Da calciatore mossi i primi passi al Palermo, giocando anche in Serie B, prima di passare al Paternò in seguito ad uno scambio con Tanino Troja. Poi assecondai la mia vocazione e cominciai ad allenare girovagando per i campi della Sicilia, fra Canicattì, Paternò, Mascalucia e soprattutto Acireale dove, fra il 1987 e il 1992, accompagnai il sodalizio granata dalla Serie D alla Serie C1, prima che il mio successore Giuseppe Papadopulo lo portasse addirittura in cadetteria.

I miei lineamenti duri spinsero i giornalisti ad appiopparmi l'abusata etichetta di sergente di ferro, ma più che un sergente io sono sempre stato un...esigente. Dai miei giocatori pretendevo il massimo, quale che fosse il loro massimo. Non sopportavo di uscire dal campo senza la certezza di aver dato tutto, era una questione di rispetto per i nostri tifosi. Una responsabilità elevata all'ennesima potenza nel contesto della piazza di Catania, dove arrivai nel 1994/95. In quel Campionato Nazionale Dilettanti subentrai due volte in corsa su panchine diverse. Alla settima giornata succedetti a Nino Barone al Messina, all'undicesima mi dimisi per passare al Catania che aveva puntato sul meno esperto Pier Giuseppe Mosti e non riusciva ad ingranare. Così il derby mi vide protagonista prima sulla sponda giallorossa (1-1 al "Celeste"), e appena due settimane dopo su quella rossazzurra (2-1 per il Catania).

Ebbi la fortuna di esordire con una vittoria col minimo scarto sul campo del Rotonda che ci consegnò immediatamente il primato di una classifica cortissima. All'inizio del girone di ritorno fu chiaro che la promozione sarebbe stata una questione fra noi e il Milazzo, che ci aveva imposto lo 0 a 0 al Cibali prima del mio arrivo e ci superò di un punto quando impattammo anche con il Ragusa, sempre in casa.

A quel punto non avevamo margini di errore.

Dovevamo vincere lo scontro diretto in campo avverso, per di più senza il nostro uomo d'ordine Pasquale Marino, che era squalificato. Non avevamo alibi perché la squadra vantava giocatori di categoria superiore, a cominciare dal portiere Carlo Riccetelli, proseguendo con i terzini Giuseppe Sampino e Vincenzo Del Vecchio, con il centrale Angelo Sciuto, con Maurizio Pellegrino a metà campo, e finendo con un attacco atomico che annoverava l'ala Mimmo Crisafulli e il bomber Beppe Mosca.

All'inizio le cose si misero male: il Milazzo segnò a fine primo tempo e si procurò un rigore ad inizio ripresa. Carmelo Bonarrigo però lo mandò alle ortiche insieme alla partita e al campionato dei mamertini. Il pericolo scampato infatti ci svegliò. Maurizio Pellegrino prese le redini del centrocampo e innescò a più riprese Mimmo Crisafulli che guadagnò il rigore del pareggio, trasformato proprio da Pellegrino, prima di segnare la rete che ci consegnò vittoria e primato. Nel prosieguo di stagione i nostri avversari non mollarono costringendoci a vincere fino all'ultima giornata, la famosa trasferta di Gangi che sancì l'addio ai campi polverosi.

Non fui confermato per la successiva stagione di Serie C2, quando Angelo Massimino fu vittima di consiglieri poco onesti.

Tornai a furor di popolo l'anno seguente, quando la tragica uscita di scena del Presidentissimo aveva portato in prima linea gli eredi, con il nipote Angelo Russo punto di riferimento principale. Quella volta però qualcosa non funzionò. Dopo 11 partite, 3 vittorie, 5 pareggi e 3 sconfitte, cedetti il posto a Gianni Mei con qualche rimpianto. Sentivo che si sarebbe potuto fare meglio, ma il calcio ha le sue regole e non me ne faccio un cruccio.

Resta la consapevolezza di aver contribuito al rilancio del Catania nella sua seconda vita, quella post 1993.

Capitolo 6
Stefano COLANTUONO
2003/04

Il mio più grande merito fu di aver riportato, dopo molti anni, il bel gioco a Catania su un palcoscenico di livello come la Serie B. Era la stagione 2003/04, quella successiva al "caso Martinelli" e al conseguente allargamento dei quadri su iniziativa del Governo, dopo che la FIGC aveva revocato una sentenza inappellabile e tolto al Catania tre punti decisivi per la salvezza.

I Gaucci, che mi avevano fatto esordire alla Sambenedettese in C1, mi vollero in rossazzurro. Non avevo ancora il patentino di prima categoria, perciò nell'organigramma figuravo come il secondo di Gabriele Matricciani. Quel Catania annoverava molti giocatori con un passato e un futuro nella massima serie: il portiere Lorenzo Squizzi, il centrale Guglielmo Stendardo, i centrocampisti Fabio Firmani e Gennaro Del Vecchio, gli attaccanti Giuseppe Mascara e Lulù Oliveira, supportati da un buon numero di volenterosi carneadi. Partimmo a razzo, vincendo spesso fuori in casa, in controtendenza rispetto alla stagione precedente, nella quale si erano racimolati pochissimi punti esterni. Ci abbarbicammo nelle zone nobili della classifica sbancando Como, Salerno, Venezia e Genova. Si poteva sognare la A anche arrivando sesti, piazzamento che valeva il diritto di spareggiare con la quartultima della Serie A.

Sognammo a lungo. Ma la famiglia Gaucci stava dirottando tutte le proprie forze sul Perugia che lottava per restare in A, così fece un mercato invernale al risparmio e col nuovo anno scivolammo a metà classifica. Sarebbe comunque stata una stagione positiva, se non fosse che i derby furono mortificanti. Non tanto il primo, che perdemmo al "Massimino" 0-2 pur giocando bene, quanto il secondo, che ci vide umiliati 5-0 al "Renzo Barbera" dai rosanero che si avviavano a celebrare una promozione attesa da 31 anni. Certe macchie non si cancellano nemmeno dopo anni, tanto più che a fine stagione migrai con i Gaucci a Perugia e nel 2007 e 2008 militai proprio nel Palermo.

Ad ogni modo l'intensa stagione 2003/04 fu una tappa fondamentale sia per me che per il club.

Capitolo 7
Lajos CZEIZLER
1932/33

Sono stato uno degli allenatori più vincenti d'Europa e ho persino allenato la nazionale italiana, sia pure per un breve periodo culminato nella sfortunata spedizione in Svizzera per i Mondiali del 1954.

Sono passato da Catania per un'esperienza altrettanto breve. Era il 1932 e l'Italia accoglieva a braccia aperte i tecnici magiari come me, spesso forieri di novità tattiche. In quegli anni la scuola danubiana era di gran moda e io feci la gavetta allenando l'Udinese, il Faenza (in terza serie) e le giovanili della Lazio. Fu il Duca di Misterbianco a volermi in rossazzurro per tentare l'assalto alla B. Mi affiancò Tedeschi come direttore tecnico e mise su una squadra di tutto rispetto in cui spiccavano il bomber Cocò Nicolosi e il portiere Mario Sernagiotto. Io proposi il mio tipico gioco offensivo, basato sui lanci lunghi e la corsa, che all'inizio diede i suoi frutti. Divertimmo sia in campionato che in amichevoli di lusso: al campo di Piazza Verga ospitammo Roma e Juventus. Poi qualcosa si inceppò e cominciammo a perdere brillantezza e ad attardarci in classifica. La promozione diventò una chimera già a sei giornate dal termine, così tolsi il disturbo. Alla fine il Catania si piazzò quarto, lontano nove punti dal primo posto.

Nel frattempo la situazione politica era sempre più fosca. Feci in tempo ad assaggiare la Serie A nel 1933/34, sulla panchina del Casale, anche se retrocedemmo. Poi il mio istinto, affinato dal fatto che avevo già combattuto la prima guerra mondiale, mi suggerì di lasciare il Belpaese. L'amicizia fra Italia e Germania si faceva sempre più forte ed io, ebreo, preferii andare ad allenare in Polonia prima e in Svezia dopo. Fu la mia salvezza, basti pensare al destino opposto che ebbe il mio illustre collega e connazionale Árpád Weisz, che scelse l'Olanda e da lì fu deportato ad Auschwitz dove morì.

In Svezia arrivai nel 1942 e iniziai un ciclo vincente al IFK Norrköping, con il quale conquistai cinque titoli nazionali. Strappammo anche l'attaccante Gunnar Nordahl ai rivali del Degerfors garantendogli un posto come vigile del fuoco. Fu un'altra intuizione vincente, come quella di prendere dalla seconda divisione Nils Liedholm.

Nel frattempo la guerra era finita e cominciammo a confrontarci in campo internazionale con altrettanto successo. Quando la nazionale svedese sbaragliò la concorrenza alle Olimpiadi di Londra del 1948 grazie al blocco del Norrköping, arrivò la mia (indiretta) consacrazione, visto che di fatto erano state le mie idee di gioco a trionfare.

Mi si riaprirono così le porte della Serie A. Nel 1949 arrivai al Milan con Nordahl e Liedholm, a cui si aggiunse Gunnar Gren a costituire il famoso trio Gre-No-Li, e riportai nella Milano rossonera lo scudetto atteso dal lontano 1907. Dopo il secondo posto del 1952 andai al Padova, quindi fui catapultato alla guida della Nazionale azzurra il cui gioco lasciava molto a desiderare. Sfortuna volle che ai mondiali del 1954 finimmo nel girone dei padroni di casa della Svizzera, dell'Inghilterra e del Belgio. Non riuscimmo a superarlo, così tornai ad allenare i club.

In Italia guidai Sampdoria e Fiorentina e nel 1963 passai al Benfica. Giusto il tempo di vincere lo scudetto pure in Portogallo, con il record di 103 reti segnate in 26 partite (e con tale Eusébio capocannoniere con 28 gol), che chiusi la carriera con il bottino stratosferico di 11 trofei conquistati in tre nazioni diverse.

Me ne andai il 7 maggio 1969, a 76 anni.

Capitolo 8
Piero
CUCCHI
1998/99

Arrivai in rossazzurro alla vigilia della stagione 1998/99, la quarta in cui la compagine etnea si sarebbe presentata ai nastri di partenza del torneo di C2, una gabbia da cui sembrava impossibile scappare. Gli eredi del Cavaliere Massimino sentivano forte la responsabilità di riportare il club in quella C1 mai persa sul campo e fecero di tutto per riuscirci. Trovato finalmente un bravo direttore sportivo quale era Silvano Mecozzi, non lasciarono nulla al caso.

Io ero il profilo giusto per gestire un torneo tanto rognoso, come testimoniavano le quattro promozioni che avevo conquistato.

Avevo anche qualcosa da farmi perdonare. Da calciatore, nella stagione 1969/70, il Catania voleva ingaggiarmi ma alla fine andai alla Ternana e segnai al Cibali il gol della vittoria gialloverde allo scadere. Il portiere etneo Rino Rado era imbattuto in casa da quattro mesi. Fu comunque un dispetto senza conseguenze perché il Catania avrebbe poi centrato lo stesso la promozione in A.

Concretizzato il mio arrivo in rossazzurro 28 anni più tardi, la società mi mise a disposizione una rosa competitiva, nella quale spiccavano il portiere Ciccio Bifera, il centrale Alessandro Furlanetto, il cursore di fascia Umberto Brutto, gli attaccanti Francesco Passiatore, Luca Lugnan e Roberto Manca.

Fu un campionato bellissimo, con Benevento, Catanzaro e Messina che ci diedero il cambio in vetta per lunghi tratti del torneo, aiutati dal nostro autolesionismo. A guardare gli episodi infatti, non si contano i punti lasciati per strada unicamente per nostro demerito. Ricordo una partita stregata con la Cavese, che pareggiammo pur avendo dominato, nella quale colpimmo due legni e sbagliammo due rigori. Anche nello scontro diretto di Messina, quello passato alla storia perché giocammo con le maglie prestate dai tifosi, colpimmo due volte i pali con un solo tiro. La maledizione dei rigori durò tutto l'anno. Ne sbagliammo in quantità industriale e molti furono decisivi, come quello mancato da Furlanetto a Gela. Forse ci misi del mio cambiando spesso il tiratore scelto, ma restammo al vertice per tutto il campionato e alla fine raccogliemmo quello che meritavamo.

La partita decisiva fu il derby con il Messina che cadeva alla quartultima giornata. In un Cibali stracolmo la spuntammo al 92': il terzino Cicchetti mise in mezzo un pallone perfetto per la testa di Manca che realizzò l'unica rete dell'incontro.

Era il 25 aprile 1999 e fu la nostra liberazione. Finalmente avevamo staccato i cugini di cinque lunghezze e il successivo impegno interno, con la Juveterranova Gela, ratificò il nostro primato e il ritorno in terza serie tanto atteso.

Credo che nessuno abbia dimenticato la mia unica stagione in rossazzurro.

Capitolo 9
Aquilino "Lino"
DE PETRILLO
1979-1980

La mia storia al Catania fu intensa e ricca di soddisfazioni anche se durò poco più di un campionato. Angelo Massimino mi arruolò nella stagione 1979/80, la terza consecutiva in Serie C1 per i rossazzurri. Il campionato lo iniziò Gennaro Rambone, che con Massimino aveva un rapporto conflittuale: quella coppia era una bomba ad orologeria e fin dal ritiro furono scintille.

La squadra era fortissima. Vantava fra gli altri Sorrentino in porta, Bertini in difesa, Barlassina e Morra a centrocampo, Borghi e Piga in avanti. I giocatori però avevano da ridire sul modo di stare in campo proposto da Rambone, infatti l'inizio di campionato fu deludente più per il gioco che per i risultati. Il mio predecessore diede platealmente le dimissioni dopo la vittoria sul Montevarchi e io presi il suo posto alla vigilia del derby sul campo del Siracusa, capolista a sorpresa. Era la nona giornata e centrammo un sofferto successo con il minimo scarto che fu l'inizio di un nuovo campionato.

Battendo la Nocerina ci ritrovammo da soli in testa e da allora, tolto qualche momento di appannamento, stazionammo sempre in zona promozione, spesso guidando il gruppo con margine rassicurante. Tagliammo il traguardo tanto atteso in quel di Reggio Calabria, campo portafortuna da oltre un decennio. Espugnandolo con un rigore di Piga ci assicurammo la promozione con due giornate di anticipo.

La stagione successiva Massimino puntò sulla continuità, trattenendo gli artefici della promozione, eccetto Borghi che volò in A con il Catanzaro. Anche io fui confermato, ma non potevo andare in panchina per una spropositata squalifica di sei mesi dovuta ad un presunto doppio tesseramento relativo alla stagione precedente. In realtà io avevo solo curato la preparazione del Messina, senza firmare alcun contratto, ma la giustizia sportiva usò il pugno duro fermandomi fino al 31 dicembre 1980.

Dopo la "tradizionale" eliminazione nel gironcino di Coppa

Italia e il faticoso pari a reti bianche rimediato a Rimini all'esordio, Massimino volle coprirsi le spalle ingaggiando Guido Mazzetti come Direttore Tecnico, cosa che non mi piacque affatto perché non era un incarico *pro forma* come sarebbe stato auspicabile.

Mi dimisi, ma i tifosi si mobilitarono e chiesero a chiare lettere, ma con modi poco amichevoli, che io rimanessi al mio posto e Mazzetti non interferisse. Restai, ma fu un errore perché non si può lavorare senza ruoli definiti. Dopo l'altro zero a zero interno contro il Foggia e la batosta dell'Olimpico con la Lazio (perdemmo 4-0) fui esonerato e Mazzetti poté condurre la nave in porto senza troppi patemi.

Non tornai più in rossazzurro, ma bazzicai in Sicilia ancora per un po'. Guidai l'Atletico Catania quando quest'ultimo vestiva ancora il verde-fucsia e non pretendeva di rappresentare un'alternativa al Catania. Poi vinsi la Serie D con l'Enna e allenai Trapani e Sciacca, fino a chiudere la mia carriera al Rende nel 1998.

Capitolo 10
Carmelo DI BELLA
1959-1966, 1971/72, 1976/77

Il mio nome è da sempre associato a quelli di Marcoccio e Giuffrida perché è con loro che fui protagonista del primo ciclo d'oro del Catania, negli anni Sessanta. Conquistammo una promozione in A e cinque salvezze consecutive, ma nella mia storia ci sono pure un prima e un dopo.

Innanzitutto io al Catania feci la trafila delle giovanili e diedi il mio contributo alla promozione in B nel 1938/39, quando Giovanni Degni mi fece esordire ad appena 18 anni. Dovetti aspettare il ritorno in C e altre due stagioni per diventare titolare, prima di andare al Palermo e conquistare un'altra promozione in cadetteria e, dopo la pausa bellica, persino la Serie A.

Prima ancora di terminare la carriera da giocatore mi cimentai come tecnico. L'inizio, fatto di retrocessioni in serie fra Igea Virtus e Marsala, non mi scoraggiò. Migliorai con Akragas e Termitana e nel 1958 mi guadagnai l'ingaggio del Catania: 30 mila lire al mese per allenare le giovanili.

Di lì ad un anno il club rischiò il tracollo sia finanziario che tecnico, con Arturo Michisanti che stava smobilitando e la squadra a un passo dalla retrocessione in C. Fu la mia occasione per sedermi sulla panchina della prima squadra e far decollare la mia carriera. Prima la salvezza, poi la promozione in A, quindi una sfilza di successi al cospetto delle grandi che mi fecero diventare il "Mago del Sud". Avrei anche potuto sfruttare quei risultati per andare alla Juventus o al Napoli, ma non volli derogare ai miei principi. Quando Gianni Agnelli mi convocò per discutere del mio possibile ingaggio, non sopportai che Omar Sivori ci ascoltasse con i piedi sul tavolo e il colloquio finì prima di cominciare. Con Achille Lauro, che voleva riportare il Napoli in A, non ci incontrammo sul piano economico: considerò eccessiva la mia richiesta di 48 milioni di lire di ingaggio.

Non fu comunque un cruccio rimanere rossazzurro. Quel Catania per esigenze di bilancio cambiava pelle ogni anno, ma in panchina c'eravamo sempre io e il mio secondo Luigi Valsecchi, almeno finché non retrocedemmo, nel 1966.

A quel punto ripercorsi la strada già esplorata da calciatore: andai a Palermo e conquistai la promozione in A e il "Seminatore d'oro", seguirono una salvezza e una retrocessione.

Il calcio intanto cambiava con l'avvento delle Società Per Azioni che condannò i club meridionali all'anonimato. Tornai a Catania quando Marcoccio aveva da qualche anno passato la mano a Massimino ma manteneva la proprio influenza sulle scelte di gestione. Nel 1971/72 infatti, il Cavaliere costruì una buona squadra ma poi si dovette fare da parte, per lasciare spazio al "marcocciano" Salvatore Coco. Il ritorno in A ci sfuggì e la stagione seguente me ne andai prima del ritiro perché capii da come fu condotto il mercato che non c'erano i presupposti per lavorare bene, pur non immaginando che quella squadra sarebbe retrocessa in C dopo ben 25 anni. Fu chiaro allora che non si poteva prescindere dai soldi di Massimino, che tornò in sella.

I ritorni sarebbero stati una costante anche per me.

Fui di nuovo in rossazzurro nel 1976/77, anno della retrocessione più assurda della storia del Catania. Al Palermo invece mi riaccolsero nel 1980/81, quando subentrai a Fernando Veneranda per salvare la Serie B.

Sarei di nuovo tornato al Catania, come direttore tecnico, nel 1985/86, se non fosse che Massimino volle Rambone in panchina, scelta che non condividevo. Fu il mio ultimo approccio con il mondo del calcio, un mondo in cui seppi farmi spazio senza compromessi e senza farmi mancare le soddisfazioni, tanto in campo quanto in panchina, barcamenandomi fra le due anime contrapposte della Sicilia: Catania e Palermo.

Me ne andai troppo presto e improvvisamente, il 9 settembre 1992.

Capitolo 11
Gianni DI MARZIO
1982-1983

Ho vinto due volte il "Seminatore d'oro" quale miglior allenatore dell'anno, ho portato il Catanzaro il Serie A, il Napoli alla finale di Coppa Italia e alla qualificazione UEFA, il Cosenza in B dopo quasi un quarto di secolo. Ho incarnato la figura dell'allenatore-manager all'inglese, gestendo anche il mercato. A sentire me, guaglione napoletano che a volte le sparava grosse, ho scoperto tutti i maggiori protagonisti del calcio mondiale, da Diego Armando Maradona a Cristiano Ronaldo.

Ma il mio capolavoro l'ho fatto plasmando il Catania 1982/83. Angelo Massimino era alle prese con la solita diffidenza di stampa e tifosi, nonostante avesse riconquistato la Serie B e l'avesse difesa bene. I tifosi mi adorarono da subito e, sebbene la concorrenza fosse capeggiata da Milan e Lazio, io e il presidente puntammo a vincere.

Cercai di fargli spendere molto e bene. Arrivarono il terzino Claudio Ranieri, i difensori Giorgio Mastropasqua e Giacomo Chinellato, i centrocampisti Antonio Crusco e Ennio Mastalli. Convinsi il portiere Roberto Sorrentino a rimanere e con gli altri confermati Morra, Ciampoli, Crialesi e Cantarutti creai un gruppo solidissimo. Non era una rosa stellare sul piano tecnico, ma un *cocktail* equilibrato fatto da alcuni grandi giocatori e da tanti onesti gregari funzionali al mio gioco. Poi contavo su rincalzi altrettanto efficaci, a cominciare da Roberto Barozzi che, con furbizia e tecnica, risolse in corsa alcune partite decisive.

Partimmo bene vincendo spesso fuori casa, mentre incespicammo più volte in un Cibali spelacchiato che non era adatto per attività diverse dall'agricoltura. La cosa non ci fermò. Oltre che con le favorite d'obbligo duellammo con la Cavese, che ci inflisse il primo stop, col Varese e, soprattutto, con Cremonese e Como. Alla penultima giornata sembrava dovessimo arrenderci. La Lazio ci sconfisse con un rigore e un autogol che fecero gridare a Massimino "Questo Catania in A non lo vogliono". Se la Cremonese avesse vinto a Varese sarebbe stata promossa anche in caso di nostro successo sul

Perugia.

Quell'ultima gara interna iniziò in un clima surreale per una assurda sparatoria che provocò un morto e una trentina di feriti.

La partita non fu una formalità. Andammo sotto poco dopo la mezz'ora, ma nella ripresa un gran gol di Cantarutti e un capolavoro di Mastalli ci diedero il successo. Nel frattempo il Varese aveva bloccato la Cremonese, così tutto fu rimandato ad uno spareggio a tre fra noi, i grigiorossi e il Como, da disputare a Roma. Fu l'occasione per aggiungere qualcosa di epico a quella lunga scalata. Da Catania partirono oltre 30 mila persone, sia con mezzi propri che con quelli messi a disposizione dai politici locali, impegnati in campagna elettorale. Il colpo d'occhio dell'Olimpico fu fenomenale e quando battemmo il Como con una rete di Angelo Crialesi mancava solo l'ultimo passo. Contro la Cremonese, il 25 giugno 1983, ci bastava un pareggio, avendo le due lombarde impattato nel loro scontro diretto. Non faticammo più di tanto a mantenere il risultato ad occhiali, poi fu un delirio rossazzurro che coronò una stagione meravigliosa.

In Serie A Massimino voleva sostituirmi ma usai il mio *appeal* fra i tifosi per aiutarlo a ripensarci. Feci acquistare i brasiliani Pedrinho e Luvanor che si rivelarono inadatti al calcio italiano. L'infortunio di Mastalli, l'inadeguatezza delle alternative e la forte concorrenza, un buon numero di arbitraggi discutibili e le tante squalifiche di campo trasformarono quel campionato di Serie A in un calvario. Fui esonerato alla dodicesima giornata e il mio successore G. B. Fabbri guidò la squadra nelle restanti fermate di quella *via crucis* sportiva.

Dopo continuai la mia poliedrica carriera, prima come allenatore, poi come dirigente, quindi come opinionista televisivo, dominando sempre la scena.

Me ne andai il 22 gennaio 2022 e anche adesso che non ci sono più a Catania sono ricordato con affetto spropositato.

Capitolo 12

Giovan Battista
FABBRI
1983/84

Con il mio arrivo a Catania il Presidente Massimino dimostrò di volerle provare tutte per cambiare la storia della stagione 1983/84 e salvare la Serie A.

La squadra era ultima a sei punti quando mancavano tre turni al giro di boa, l'ambiente era depresso e non bastò certo il mio *curriculum* a risollevare il morale.

Da giocatore avevo militato nel Messina dal 1949 al 1955 raggiungendo anche la promozione in Serie B alla prima stagione, ma fu da allenatore che mi affermai ai massimi livelli.

Fui l'artefice del miracolo "Real Vicenza", che nel giro di due anni conquistò la Serie A e arrivò secondo nel massimo campionato lanciando un certo Paolo Rossi, che ebbi l'intuizione di spostare al centro dell'attacco. Portai anche l'Ascoli ad uno storico quinto posto (poi diventato quarto per le conseguenze dello scandalo scommesse).

Quella che mi attendeva in rossazzurro era però una missione impossibile.

Raccoglievo l'eredità di Gianni Di Marzio, esonerato dopo il 3-0 subìto sul campo del Genoa. Puntai sull'aspetto emotivo nel tentativo di innescare una reazione orgogliosa dei giocatori. Al mio esordio contro l'Ascoli in effetti giocammo meglio del solito e mettemmo alle strette gli avversari. Tuttavia nemmeno quella volta arrivò la vittoria, complice il direttore di gara che assegnò un dubbio rigore per fallo sull'ex Carletto Borghi. A fine gara successe un putiferio con un corpo a corpo fra Massimino e Carlo Mazzone, allenatore dei marchigiani.

La sintesi perfetta della stagione fu la partita interna con il Milan. Reagimmo bene allo svantaggio iniziale e Cantarutti segnò anche un fantastico gol in rovesciata, che l'arbitro giudicò in gioco pericoloso e annullò. La *bagarre* che ne seguì ci costò una lunga squalifica del campo.

Era chiaro che non c'era più nulla da fare e, meno di due mesi dopo il mio arrivo, la squadra tirò i remi in barca, cosa che non fece onore ai miei giocatori, sui quali non riuscii ad esercitare il pugno duro. A tratti mi sentii come se avessi indosso i panni di Don Chisciotte.

Quel Catania finì ultimo con due record negativi: il minor numero di punti, appena 12, e una sola vittoria, quella firmata da Cantarutti contro il Pisa. Un altro record fu quello di un solo rigore concesso a nostro favore in trenta partite disputate.

Di quella stagione rimpiango solo la pessima gestione dell'ultima gara, quella a San Siro contro l'Inter in cui Altobelli ci umiliò segnando quattro volte nel 6-1 finale. Una delle tante macchie di quel campionato, fra le poche che avremmo potuto evitare.

La mia carriera proseguì ancora per quasi dieci anni, ma il meglio era ormai passato.

Me ne andai il 2 giugno 2015, a 89 anni.

Capitolo 13

Giovanni FERRARO
2022/23

A ben pensarci mi sono garantito un posto fra gli indimenticabili rossazzurri nel momento stesso in cui ho firmato per il Catania. Comunque fosse andata, sarei stato il primo allenatore del sodalizio rinato nel 2022 dopo il fallimento. Se non avessi centrato l'obiettivo di riconquistare immediatamente la Serie C sarei stato ricordato per un *flop* epico.

Fortunatamente le cose andarono in ben altro modo.

La nuova società guidata da Ross Pelligra mi mise a disposizione tutto ciò che serviva per portare a termine la mia missione, a cominciare da un gruppo di dirigenti che mi supportavano in ogni aspetto del mio lavoro e che costruirono una rosa di categoria superiore e con i migliori giovani sulla piazza. Io stesso ero uno degli ingredienti che il Direttore Sportivo Antonello Laneri e l'Amministratore Delegato Vincent Grella consideravano necessari per vincere la Serie D. Lo avevo già fatto pochi mesi prima nell'altro girone meridionale, col Giugliano.

Il leggero ritardo con cui partì la stagione 2022/23 mi aiutò nel ripetere la partenza *sprint* che avevo già centrato in terra campana: nove vittorie consecutive. Ci fu un unico momento di "crisi", se tale si può definire, con tre pareggi e una sconfitta verso la fine del girone di andata. Un fisiologico calo atletico, infatti dopo la pausa natalizia la squadra tornò a volare e a inanellare vittorie e record, scavando un abisso fra sé e il Locri secondo in classifica.

Mai nella sua storia il Catania aveva conquistato una promozione in modo così autoritario, addirittura il giorno della festa del papà, prima che l'inverno finisse. La percezione esterna fu che io e il mio staff avessimo fatto il nostro dovere o poco più, ma non sta a me dire se sia stato così. Di certo il mio Catania fece sembrare facile qualcosa che non è mai facile nel calcio: vincere. E ci riuscì perché era un gruppo di professionisti vogliosi di abbandonare per sempre il dilettantismo.

Capitolo 14

Marco GIAMPAOLO

2010/11

Quando nel 2010 fui assunto dal Catania per mantenere la Serie A ero un po' fuori standard rispetto agli allenatori rossazzurri di quel periodo. Sia il presidente Pulvirenti che, soprattutto, l'A.D. Lo Monaco amavano infatti puntare su tecnici non ancora affermati.

Io invece avevo già completato una prima parabola con una brillante salvezza ad Ascoli e una tormentata avventura al Cagliari, dove rinunciai al ritorno in panchina dopo l'esonero perché "la dignità non ha prezzo".

Ci pensai bene prima di dire sì al Catania, che per convincermi sforò il *budget* che aveva stabilito per il mio stipendio e mi lasciò portare il mio staff.

Sembrava ci fossero i presupposti per lavorare come piace a me, eppure i miei buoni propositi di bel gioco non si concretizzarono. Io e la società scoprimmo presto di avere punti di vista opposti su questioni fondamentali. Per esempio per me Pablo Barrientos era un giocatore buono per il calcio a 5, mentre Lo Monaco lo definiva "il calcio". Inoltre io ero ossessionato dall'idea di migliorare il gioco di squadra, mentre un obiettivo aziendale era valorizzare i giocatori per rivenderli e salvaguardare il bilancio. Inoltre la rosa era fatta per metà da argentini e per metà da italiani e solo la professionalità dei giocatori permetteva al gruppo di remare dalla stessa parte nonostante un'intesa non perfetta fuori dal campo.

Quando fui esonerato vantavamo un paio di punti in più della terzultima e quindi eravamo in linea con l'obiettivo stagionale. Lo Monaco però temeva che l'equilibrio che stavo cercando non sarebbe mai diventato abbastanza solido e con una mossa spettacolare portò in panchina Diego Simeone che gli consegnò la salvezza che voleva.

Io me ne andai senza rimpianti né polemiche continuando la mia carriera senza mai rinnegare le mie idee.

Capitolo 15

Francesco GRAZIANI

2002

Non so bene se ad oggi mi si ricorda più per i miei trascorsi da calciatore, per la mia fugace carriera da allenatore, o per i miei *blitz* nel mondo della televisione in veste di opinionista o protagonista di *reality show*.

So però che a Catania mi si ricorda per aver riportato la squadra in B nel 2001/02 e, in particolare per la corsa liberatoria – insieme a Maurizio Pellegrino – verso il centrocampo dello stadio di Taranto al termine della finale di ritorno degli spareggi.

Eravamo subentrati in panchina poche settimane prima, quando con uno dei suoi colpi di teatro il Presidente Riccardo Gaucci aveva fatto fuori Pietro Vierchowod, a sua volta sostituto di Aldo Ammazalorso.

Io stavo decidendo se tentare la carriera di dirigente o quella di allenatore, ma accettai l'incarico senza pensarci troppo.

Dopo aver rocambolescamente fatto fuori il Pescara in semifinale, ci ritrovammo a giocarci la cadetteria, che a Catania mancava da 15 anni, su un campo caldissimo come quello di Taranto. Dovevamo difendere il vantaggio di un solo gol, la (splendida) rete segnata da Michele Fini nella partita di andata.

Non è una cosa corretta voler quantificare la divisione dei meriti fra me e Maurizio per quel felice epilogo, si tratterebbe piuttosto di un esercizio fine a se stesso. La verità è che certe partite si giocano sul filo dell'equilibrio, che può essere spezzato da fattori imprevedibili. Di sicuro noi volevamo vincere e Catania aveva trasmesso alla squadra quella voglia di uscire dall'anonimato che era stata frustrata appena un anno prima dalla sconfitta nella finale *play-off* subìta a Messina.

Penso proprio che fu la nostra capacità di soffrire a farci resistere sullo zero a zero fino alla fine.

I pugliesi, che recriminarono per decenni su quella sconfitta, inciamparono nel momento decisivo. Avremmo potuto anche vincere: Eddy Baggio ebbe una grande occasione per portarci in vantaggio, ma non sapremo mai come un gol avrebbe cambiato quella partita.

Fu bellissimo festeggiare sommessamente negli spogliatoi blindati dello stadio avversario, ma ancor di più sfogarsi a notte fonda al "Massimino", aperto per l'occasione al nostro ritorno.

Non esagero se dico che quella promozione fu una svolta per la storia del Catania, che da lì a qualche anno avrebbe scalato vette ancora più alte.

Non con me però, e nemmeno con i Gaucci. Io resistetti in panchina, sempre in *tandem* con Pellegrino, per una decina di giornate, dopo le dimissioni estive del mio successore designato, Osvaldo Jaconi, poi passai dietro la scrivania per sparire poco dopo dai radar rossazzurri, come succedeva a tanti durante la gestione vulcanica dei Gaucci.

La squadra proseguì la sua lotta sul campo, la società continuò a fare e disfare spingendosi anche a correggere i propri errori tecnici con le vittorie in tribunale del famoso "caso Martinelli", e alla fine la B fu salvata e il club si assicurò un altro pezzo di futuro.

A me rimase un bel ricordo da rievocare all'occorrenza davanti a una telecamera durante le mie scorribande televisive.

Capitolo 16

Vincenzo GUERINI

2000/01-2003

Catania mi ha adottato. Io, bresciano di Sarezzo, ho conosciuto la mia compagna ai piedi dell'Etna e sotto la Muntagna ho piantato le tende. Arrivai nel 2001 a stagione in corso per inseguire la promozione in Serie B. Ero il nome giusto per centrare i principali obiettivi dei Gaucci: calmare la piazza e rimettere in sesto la squadra.

Ero noto sia per la mia carriera da calciatore, interrotta a 22 anni da un incidente automobilistico che quasi mi costò l'amputazione di una gamba, sia per quella da allenatore, impreziosita dalla promozione in A con l'Ancona e da una salvezza conquistata con il Piacenza.

Il Catania era passato di mano e il mio predecessore Ivo Iaconi non aveva fatto male, ma i Gaucci avevano comunque già perso la pazienza. La squadra era forte: giocatori come Iezzo, Baronchelli, Zeoli, Criniti, Ambrosi, Cicconi potevano ben figurare in categorie superiori, eppure mancava la giusta armonia fra le componenti interne, come testimoniavano le plateali sceneggiate del presidente Riccardo e del *patron* Luciano.

Io e Iaconi ci ritrovammo nostro malgrado a fare una staffetta in panchina. Raccolsi per la prima volta il testimone all'ottava giornata, con un deprimente 5-1 beccato a Palermo e fui esonerato meno di due mesi dopo, per tornare a gennaio insieme ad un esercito di rinforzi. Alla fine trovai la quadra tanto che nel girone di ritorno conquistammo 37 punti in 17 partite e ci issammo al terzo posto, dietro Palermo e Messina.

L'inerzia della stagione sembrava a nostro favore, in realtà la benzina era finita e nella doppia finale degli spareggi per la B il Messina ci imbrigliò al Cibali e poi vinse al "Celeste".

Un vero peccato perché avremmo potuto compiere anche l'ultimo passo verso la promozione e scrivere una pagina di storia indimenticabile. Tutto però finì in secondo piano per la tragedia che funestò la finale di ritorno, quando il tifoso messinese Antonino Currò fu colpito da una bomba carta proveniente dal settore ospiti e morì dopo una lunga agonia.

Due anni dopo tornai in rossazzurro. Il Catania era in B ma i Gaucci si erano di nuovo impantanati in un *modus operandi* troppo caotico. La squadra era più che mai confusa dopo aver cambiato ben cinque guide tecniche. Io fui l'ultimo della serie e guidai i rossazzurri nelle ultime otto partite. La salvezza arrivò solo fuori dal campo dopo una lunga battaglia per il "caso Martinelli", che ci aveva dato due punti controversi a tavolino.

Nel 2020 mi fu offerto di contribuire all'ambizioso programma di salvataggio della società, nel frattempo caduta in disgrazia. Una cordata di imprenditori locali, la SIGI, aveva rilevato il club dal tribunale dove Pulvirenti l'aveva portata. Si sperava di risanare e rilanciare sotto la guida di Maurizio Pellegrino. Mi venne affidato il ruolo di responsabile dell'area tecnica, tuttavia la montagna di oltre 50 milioni di euro di debiti era impossibile da scalare, per la SIGI, per Maurizio e per chiunque altro.

Io volevo dare una mano e feci quello che potevo fin quando fu chiaro che non ci fosse nulla da fare e me ne andai in malo modo.

L'epilogo fu il fallimento societario, onta mai subita prima dal sodalizio etneo.

Poi io tornai alla mia vita senza calcio e il Catania ripartì dalla D con Ross Pelligra.

Capitolo 17
Osvaldo JACONI
1987

Arrivai a Catania all'inizio della stagione 1987/88, voluto da Angelo Massimino che mi aveva notato per un brillante campionato a Rimini.

Si era appena retrocessi in C1 e si programmava il ritorno fra i cadetti in un biennio. Poco dopo l'inizio di stagione, il Cavaliere cedette però il passo ad Angelo Attaguile e alla sua cordata, che si sarebbe disintegrata poco dopo.

Il nuovo *patron* moriva dalla voglia di dare un segnale di discontinuità con il passato, così io fui messo alla porta quasi subito. Ricordo che all'arrivo al Cibali del neopresidente dopo la firma del passaggio di consegne, spuntarono pure alcuni tifosi festanti con i pasticcini per celebrare l'addio a Massimino e ai suoi modi burberi. Non potei che dissociarmi: per me non c'era proprio nulla da festeggiare.

Dopo qualche settimana fui esonerato.

Sebbene quella squadra, giovane e ancora da amalgamare, non volasse, dopo di me le cose non migliorarono, anzi. Ci volle uno spareggio con la Nocerina per salvare la categoria.

La mia storia alle falde dell'Etna non finì lì, ma rimase un'incompiuta.

Nel 1993 avrei infatti dovuto guidare la riscossa, nuovamente scelto da Angelo Massimo che aveva ripreso in mano la società martoriata dalla parentesi Attaguile. Poi però scoppiò il primo "caso-Catania", con l'iniziale radiazione del club e il successivo reintegro disposto dal tribunale. Il Catania recuperò l'affiliazione, ma la C1 non fu restituita e si dovette ripartire dall'Eccellenza, allora sesto gradino della gerarchia dei campionati italiani.

Guidai la squadra solo domenica 3 ottobre 1993 nella famosa partita fantasma col Giarre, che non si presentò in piazza Spedini seguendo il calendario della Lega e non quello dei giudici. Così facemmo solo un'esibizione con la Libertas Palestro davanti a oltre diecimila persone che urlarono la propria rabbia per quella situazione grottesca.

Poco dopo me ne andai e cominciò la mia favola nel Castelsangro del futuro presidente federale Gabriele Gravina. Una favola zeppa di personaggi che a Catania erano passati o sarebbero andati di lì a qualche anno. Fra il 1993 e il 1995 conquistammo la doppia promozione dalla Serie C2 alla Serie B, poi la salvezza fra i cadetti.

Entrambe le promozioni si materializzarono con sudate vittorie ai *play-off*, la prima contro il Fano, la seconda ai danni dell'Ascoli, sempre dal dischetto. Fu proprio nei *play-off* per la B che diventai celebre per le mie "Jaconate".

Nella semifinale con il Gualdo tirai fuori dalla mischia a tempo quasi scaduto Claudio Bonomi (che col Catania guadagnerà la B nel 2002), *leader* della squadra, per fare entrare il difensore D'Angelo (rossazzurro nel Catania di Simonelli, edizione 1999/00) che segnò il gol qualificazione poco dopo.

In finale, poco prima del termine dei supplementari, cambiai il portiere titolare Roberto De Jullis per Pietro Spinosa, mai sceso in campo in campionato, che parò il tiro decisivo.

Nel 2002/03 tornai al Catania appena riportato in B dai Gaucci, e ritrovai Pietro Fusco, che anni prima avevo trasformato da attaccante in "stopper", come si diceva una volta. Ma capii subito che qualcosa non andava e mi dimisi alla vigilia dell'esordio. Mai come in quella stagione la panchina rossazzurra fu un porto di mare e la salvezza arrivò a colpi di carta bollata a seguito del secondo "caso-Catania", quello che provocò l'allargamento della Serie B a 24 squadre.

Insomma la mia storia in rossazzurro racconta più di occasioni mancate che di vicende di campo, tuttavia ha contribuito in modo significativo alla mia formazione.

Capitolo 18

Géza
KERTÉSZ

1933-1936
1941/42

Sembra che il mondo tenti di dimenticarmi. La mia storia, dentro e fuori dal campo, per decenni è rimasta sconosciuta ai più.

Nacqui a Budapest il 21 novembre 1894 e giocai con successo nel BTC Budapest e nel Ferencváros, guadagnandomi anche una convocazione in nazionale, sebbene mi chiamassero "il bradipo" per la mia andatura lenta.

Nel 1925 mi trasferii in Italia e cominciai ad allenare.

Il Duca Vespasiano Trigona di Misterbianco, che tentava di portare il Catania in Serie B, mi volle in rossazzurro.

I miei metodi innovativi, a cominciare da una primordiale forma di ritiro volta a migliorare l'affiatamento fra i giocatori, funzionarono: nella stagione 1933/34 conquistammo la prima storica promozione in cadetteria.

La squadra aveva un seguito entusiasta e il piccolo campo di Piazza Esposizione non bastava a contenere i tifosi che volevano ammirare giocatori di nome come Giovanni Degni e Ottorino Casanova, ma anche giovani promettenti come il portiere Mario Sernagiotto e l'ala Mario Nicolini, oltre che il bomber Cocò Nicolosi. Nel girone di qualificazione lottammo a lungo con il Siracusa e alla fine conquistammo la vetta con quattro punti di vantaggio; quindi ce la vedemmo con Savona, Biellese e Reggiana mettendole in fila nel girone finale.

Nella stagione successiva bastò l'innesto del futuro campione del mondo Amedeo Biavati per fare un ottimo campionato in cui stazionammo a lungo nelle prime posizioni prima di cedere il passo al fortissimo Genoa e accontentarci di un onorevole terzo posto a pari punti col Pisa.

Nel 1935/36 il Duca, supportato dai tifosi, volle trattenermi e io feci del mio meglio per regalargli altre soddisfazioni, pur dovendo rinnovare un po' il gruppo. In casa continuammo a farci rispettare, mentre fuori spesso stentavamo, così non andammo oltre l'ottavo posto.

Fu l'epilogo del ciclo del Duca: la squadra passò sotto la diretta gestione della federazione fascista e anche io me ne andai.

Continuai a fare l'allenatore girovagando per l'Italia e raggiungendo l'apice guidando le due principali squadre romane.

In mezzo a quelle due esperienze ci fu tempo per un infruttuoso ritorno al Catania, nel 1941/42, di nuovo in Serie C. Ci piazzammo al sesto posto ma nel calcio di quel tempo poteva accadere di passare da una panchina di Serie C a quella dei campioni d'Italia della Roma nel giro di pochi mesi e così fu per me.

Poi la guerra fermò tutto e io cominciai a lottare fuori dal campo.

Ero un convinto nazionalista nonché tenente colonnello dell'esercito e insieme a IstvánTóth, mio compagno di squadra ai tempi del Ferencváros ed ex allenatore della Triestina, creai un'associazione resistenziale che salvò molte vite sottraendole ai campi di sterminio.

Riuscimmo infatti a nascondere decine di persone fra monasteri e case di amici fidati. Non esitai a sfruttare la mia ottima conoscenza del tedesco per travestirmi da soldato della Wehrmacht e agevolare la fuga di molti innocenti dal ghetto di Budapest. Proprio quando la fine della guerra si avvicinava, nel dicembre del 1944, qualcuno mi tradì e la Gestapo mi arrestò.

Fui fucilato, insieme a Tóth, il 6 febbraio 1946.

Ai miei funerali partecipò, insieme a migliaia di persone, anche una delegazione del Catania. In quanto «martire della patria» riposo al cimitero degli eroi di Budapest.

In molti mi considerano un eroe, ma io penso di avere solo dimostrato che è possibile rimanere umani anche quando la follia imperversa intorno a te.

In patria il regime comunista non mi perdonò mai il mio nazionalismo, e questo spiega perché tentò di farmi dimenticare, mentre è più difficile spiegare perché l'oblio abbia avvolto la mia storia anche in Italia.

49

Nel 2011 si paventò persino la possibilità di sfrattarmi dal cimitero degli eroi. I miei discendenti però si mobilitarono e trovarono appoggio proprio a Catania, dove un comitato spontaneo che aveva appena riscoperto la mia vicenda partendo dalla mia carriera calcistica tornò a raccontarla, convincendo le autorità ungheresi a lasciarmi in pace almeno da morto.

Oggi a Catania esiste una via a me intitolata, compaio nel *murales* che adorna le mura di cinta dello stadio cittadino e la mia storia (e quella di Toth) sono raccontate in un libro da cui è stato tratto uno spettacolo teatrale.

Tutto questo è ancora troppo poco se il prezzo è stato la mia vita, ma riportare alla luce anche solo un piccolo pezzo di memoria è pur sempre un buon risultato.

Capitolo 19

Rolando MARAN
2012-2014

Sono stato al Catania in due momenti topici della gestione Pulvirenti: il punto più alto, nel 2012/13, e quello che sancì l'inizio della fine del club, la stagione successiva.

Arrivai dopo la rottura fra Nino Pulvirenti e Pietro Lo Monaco, con la squadra reduce da un campionato entusiasmante con Vincenzino Montella al timone.

Nella mia prima stagione tutto filò liscio: Sergio Gasparin sostituì Lo Monaco e mantenne la struttura di base della squadra, con Ciccio Lodi, Pablo Barrientos, il "papu" Gomez, Gonzalo Bergessio, Sergio Almirón, Giovanni Marchese e Nicola Le Grottaglie, tutte solide certezze cui si aggiunsero il centrale uruguaiano Alexis Rolín e l'ennesimo argentino: l'attaccante Lucas Castro. Gli addii a Maxi López e Llama non incisero.

Partimmo pareggiando a Roma dove avevamo sempre raccolto poco e fu l'inizio di un percorso bellissimo in cui mettemmo in difficoltà tutte le avversarie. Anche la Juventus che in quegli anni dominava ebbe bisogno del grosso aiuto della terna arbitrale per batterci al "Massimino". Avevamo infatti segnato noi, ma sollecitato dalla panchina ospite in modo più che teatrale il direttore di gara Gervasoni impiegò parecchi minuti prima di decidere di annullare. Ironicamente il gol decisivo gli ospiti lo segnarono in fuorigioco senza che noi protestassimo in modo altrettanto veemente, quasi rassegnati ad un destino ingiusto. Ci rifacemmo con tanti altri successi, per esempio il tris di vittorie su Roma, Genoa e Fiorentina.

Battemmo anche il record di punti, finendo all'ottavo posto, cioè eguagliando il miglior piazzamento di sempre che risaliva agli anni '60. Insomma, missione compiuta e paura scacciata.

Il terremoto societario aveva però minato alle fondamenta un progetto quasi decennale che tante soddisfazioni aveva regalato al Catania. La mossa che rese evidente questa realtà fu la sostituzione di Sergio Gasparin con Pablo Cosentino, che fino a quel momento aveva sempre fatto il procuratore. Una mossa che sanciva lo spericolato abbandono da parte di Pulvirenti della strategia di gestione che aveva funzionato fino a quel momento, per abbracciarne una totalmente diversa, in cui ogni scelta sembrava, ed era, illogica.

La campagna acquisti diede indizi particolari, a parte un certo rinnovamento. Si puntò, fra gli altri, sui terzini argentini Gino Peruzzi e Fabián Monzón e sul centravanti Sebastián Leto, proveniente anch'egli dalla patria del tango.

Ma il problema prescindeva dal discutibile aspetto tecnico. Sintomatico fu il fatto che la società tollerò le bizze di Barrientos che, alla vigilia della chiusura del mercato estivo, aveva minacciato di andare a giocare in Qatar per ottenere un ritocco dell'ingaggio che gli fu poi concesso. Incredibilmente, colui il quale curava gli interessi del giocatore, prima di cimentarsi come Amministratore Delegato, era proprio Pablo Cosentino.

Fin dall'inizio la squadra dimostrò di non essere tale e perse nettamente le prime tre partite. Già alla sesta giornata eravamo ultimi e dopo l'ottava fui esonerato per cercare la proverbiale svolta. Il mio successore però non fece meglio e a gennaio fui richiamato in panchina. Centrai un piccolo filotto che bastò per agganciare la zona salvezza: tre pareggi contro Inter, Livorno e Parma, e una vittoria sulla Lazio al "Massimino". Poi fu di nuovo buio pesto, con cinque sconfitte consecutive e venne un altro esonero per me, nell'aprile del 2014.

Non ho rimpianti perché il futuro per il Catania era comunque segnato dalla scellerata inversione di rotta voluta dal presidente, che perseverò nei propri errori. Affidandosi a Cosentino pure in B, Pulvirenti compromise in partenza le possibilità di un immediato ritorno in A e presto perse del tutto la bussola e la reputazione diventando protagonista dello scandalo passato alla storia come "I Treni del gol".

Io continuai fra alti e bassi la mia carriera da allenatore, sempre grato alla piazza che mi diede l'occasione di misurarmi ai massimi livelli.

Capitolo 20
Pasquale MARINO
2005-2007

Quando qualcuno mi fa ricordare il momento in cui mi accomodai sulla panchina del Catania gli dico che mi avevano affidato una Ferrari quando avevo ancora il foglio rosa. In realtà non ero proprio un neofita. Avevo vinto dei campionati di C con Paternò e Foggia e avevo salvato l'Arezzo in Serie B, richiamato dopo essere stato esonerato. Non fui accolto male, anche perché non ero un volto nuovo. Avevo vestito la maglia rossazzurra dal 1994 al 1997, durante la faticosa risalita dagli inferi dopo la tentata radiazione del 1993.

Sapevo che non sarebbe stato facile e che molto sarebbe dipeso dai giocatori perché sono loro a fare la fortuna di un allenatore. In particolare avevo bisogno di interpreti di livello perché avevo l'ambizione di praticare un gioco offensivo.

Nella stagione 2005/06 il Presidente Nino Pulvirenti e l'A.D. Pietro Lo Monaco mi misero a disposizione tutto quello che serviva per fare bene. Quel Catania, con Pantanelli in porta, Sottil, Bianco, Cèsar, Silvestri in difesa, Baiocco, Breve, Lucenti, Caserta, Anastasi a centrocampo, De Zerbi, Mascara, Spinesi in attacco, Orazio Russo e Del Core pronti a subentrare, e tanti altri ottimi giocatori, è stato uno dei più forti che abbia mai giocato in Serie B.

E fu anche uno dei più belli.

Dopo un inizio difficile in cui faticai a trovare il bandolo della matassa a livello tattico, il giocattolo cominciò a funzionare in modo preciso. Gli incroci con Atalanta e Mantova furono i momenti topici del nostro cammino. Il successo rotondo in casa con i nerazzurri sbloccò Spinesi, che fece una tripletta nel 4-1 finale; lo scivolone contro i virgiliani (0-3) mi fece capire che serviva aggiustare il tiro; la vittoria a Bergamo (1-2) alla viglia di Sant'Agata e quella in casa nel *return-match* col Mantova al Massimino (3-0) confermarono che avevamo tutto per vincere.

Nel finale però vacillammo. L'Atalanta era scappata via e il Toro ci faceva sentire il suo fiato sul collo. A Modena, a tre giornate dalla fine, nel giro di due minuti passammo dal vantaggio alla sconfitta. A quel punto non avevamo più jolly da giocare: dovevamo solo vincere per evitare i *play-off*. Sapevamo bene di essere più forti degli avversari che ci attendevano, cioè Pescara, Catanzaro e Albinoleffe, sentivamo di meritare la promozione diretta più dei granata.

Alla fine fu un trionfo. La festa scoppiò fragorosa all'ultima in casa con l'Albinoleffe e fu fantastico.

Riproporsi sul palcoscenico più importante dopo ventidue anni presentava enormi difficoltà ma ancora una volta volli confrontarmi con una sfida per me inedita. La società mi aveva supportato anche nei momenti peggiori e sapevo che con la stessa compattezza granitica avremmo potuto cavarcela anche in Serie A.

Certo le mosse di mercato furono diverse da quelle della stagione precedente. Di tutti i nuovi acquisti solo Giuseppe Colucci aveva esperienze significative ad alto livello, ma andò a sostituire un giocatore importante come Roberto De Zerbi. Il gruppo della promozione dava garanzie, ma non certezze. Si puntò su scommesse come l'attaccante Giorgio Corona che aveva tanto segnato nella sua lunga carriera ma mai aveva giocato in A, o come il giovane attaccante giapponese Takayuki Morimoto. Eppure le cose andarono alla grande. Complici le penalizzazioni di alcune *big* per lo scandalo "Calciopoli", al giro di boa eravamo quarti e ci eravamo tolti soddisfazioni importanti, senza rinnegare il nostro credo offensivo. Poi tutto cambiò con gli incidenti del 2 febbraio 2007, che costarono la vita all'Ispettore Filippo Raciti e disintegrarono il giocattolo.

Ci aspettava un intero girone di ritorno da affrontare in trasferta e a porte chiuse. Ai problemi logistici si aggiungeva quello tecnico del mercato ormai chiuso. Andammo incontro ad un'involuzione impressionate, racimolammo pochissimi punti e all'ultima giornata, in cui affrontavamo il Chievo sul neutro di Bologna (grazie al Cielo le porte furono aperte ai nostri tifosi), avevamo un solo risultato per garantirci la salvezza.

I pronostici erano per i nostri avversari eppure giocammo una partita perfetta uscendo *in extremis* dall'incubo.

A quel punto me ne andai.

Un po' fu per l'ambizione di misurarmi a livelli più alti, un po' per la voglia di lasciare da vincente, ma soprattutto per la consapevolezza che un ciclo era finito. Da allora continuai a raccogliere sfide fra A e B, conoscendo momenti esaltanti come la qualificazione europea con l'Udinese e delusioni cocenti, come la sconfitta ai *play-off* promozione con il Frosinone.

Ero sul punto di tornare a Catania nel 2015, quando il ciclo di Serie A era terminato e Pulvirenti voleva rilanciare. Ma lo scandalo dei "Treni del gol" e la conseguente retrocessione in C dei rossazzurri resero impossibile l'operazione.

È stato meglio così, perché anche se nessuno lo scrisse sui giornali, né lo disse in tivù, era chiaro che la gestione Pulvirenti non poteva più portare risultati.

Capitolo 21
Guido MAZZETTI

1973/74, 1976, 1978, 1980-1982, 1985/86

Mi chiamavano "sor Guido" ed ero una sorta di assicurazione sulla vita per Angelo Massimino, che mi chiamava quando il Catania era in difficoltà.

Successe a più riprese.

La prima volta che mi sedetti sulla panchina rossazzurra però, il presidente non era Massimino, bensì Salvatore Coco. Era la stagione di Serie B 1973/74 e l'obiettivo era la A.

Fin dall'inizio regnò il caos.

Carmelo Di Bella, allenatore designato, non approvò le scelte di mercato e se ne andò ancor prima del ritiro. Il suo secondo, Luigi Valsecchi, fece da traghettatore in attesa che il presidente si decidesse a consegnarmi le chiavi dello spogliatoio.

Nonostante le ambizioni dichiarate, la rosa era carente in attacco, mentre a metà campo potevo contare sul talento del giovane Guido Biondi e sull'esperienza di Romano Fogli. Nel girone di andata stazionammo a metà classifica, poi le idee si annebbiarono finché, contro il Bari, prendemmo una strada senza sbocco. Fogli non gradì la sostituzione e uscendo dal campo lanciò plateamente la maglia per terra, aizzando i tifosi già nervosi perché il risultato non si schiodava dallo zero a zero. Quando i pugliesi passarono su rigore cominciarono gli incidenti. Alla fine pagai io con l'esonero e Coco richiamò ancora Valsecchi, dietro il quale agiva il nuovo "consulente tecnico" Italo Galbiati.

Una domenica dopo l'altra, la situazione precipitò e in un ultimo disperato tentativo di salvare la cadetteria il sindaco ed ex presidente rossazzurro Marcoccio sollecitò Massimino a riprendere in mano la situazione. Quando però il Cavaliere mi portò in sede per presentarmi come l'arma decisiva nella corsa alla salvezza Coco non ci ricevette nemmeno.

Fu la pietra tombale su quella stagione, mi restò la magra consolazione di non aver firmato quella retrocessione che sono convinto avrei potuto evitare: chissà.

Però, nel calcio, come nella vita del resto, è molto importante guardare ogni giorno avanti facendo tesoro del passato; da allora Massimino tornò a fare il presidente e io iniziai la mia carriera da "subentrante".

Nel 1975/76 rilevai Egizio Rubino e conquistai una faticosa salvezza in Serie B nelle ultime quattordici giornate. Non fui confermato e la stagione seguente si precipitò di nuovo in C.

Nel 1977/78 un rallentamento nel finale di campionato della squadra costò il posto a Carlo Matteucci e il Cavaliere pensò ancora a me per chiudere la stagione. Sedetti in panchina per le ultime nove gare e fummo beffati dalla Nocerina nel famoso spareggio-promozione di Catanzaro.

Nel 1980/81 condussi la squadra ad un'altra salvezza in B dopo che Lino De Petrillo, che aveva guidato la squadra al ritorno in cadetteria, se n'era andato infastidito dal mio ruolo di direttore tecnico.

Finalmente nel 1981/82 ebbi la possibilità di rimanere per l'intera stagione, partendo come Direttore Tecnico a fianco dell'allenatore Giorgio Michelotti. Stavolta la soluzione ibrida fu dovuta al regolamento: sopraggiunti limiti d'età mi avrebbero impedito di allenare. Ad ogni modo, dopo appena cinque giornate, Giorgio rinunciò all'incarico e io, con i miei 65 anni portati benissimo, feci il mio lavoro senza problemi. La squadra era forte e si piazzò a metà classifica in una stagione che lasciava presagire l'imminente salto di qualità.

Tornai ancora una volta in Serie B nel 1985/86 quando, dopo la parentesi in A, si rischiava di nuovo di precipitare all'inferno. Ancora una volta il mio compito fu quello di subentrare, stavolta a Gennaro Rambone, di nuovo sotto le mentite spoglie di direttore tecnico, con Salvo Bianchetti prima e Tonino Colomban dopo miei *alter-ego* in panchina. Non andò bene e dopo quattordici partite passai nuovamente il testimone a Rambone. Quel Catania riuscì comunque a salvarsi con una giornata di anticipo.

Fu la mia ultima volta in rossazzurro, la sesta, e la conclusione della mia quarantennale carriera da tecnico che era iniziata a Siracusa nel 1946. Vanto il record di ben 626 panchine in cadetteria e quello di non essere mai retrocesso nonostante le situazioni difficili in cui mi sono trovato.

Le mie doti umane, prima ancora che la professionalità e i risultati conseguiti, mi hanno garantito una posto nel cuore degli appassionati e nella storia del Catania.

Ma ovunque sia andato ho lasciato un buon ricordo, in particolare a Perugia, la mia città d'adozione. Ai grifoni trascorsi due stagioni da giocatore e ben 14 da allenatore.

Fui ricompensato con l'intitolazione dello spiazzale antistante l'ingresso dello stadio "Renato Curi" dopo la mia morte, avvenuta il 14 febbraio 1997.

Capitolo 22
Gianni MEI
1996-1998

Nel 1997, quando ancora la narrazione calcistica non era iper-semplificata dai deliri *social*, era complicato assicurarsi l'immortalità con una sola dichiarazione. Io ci riuscii in un pomeriggio di giugno molto caldo, non solo meteorologicamente, nell'immediato post-partita della semifinale *play-off* per la promozione in C1 fra Catania e Turris.

Non ricordo cosa dissi esattamente ma il concetto era:

«*Meglio pareggiare 0-0 che vincere 1-0*».

Poi aggiunsi:

«*Andiamo a vincere a Torre del Greco*».

Era successo che la Turris rivelazione si fosse piazzata meglio di noi alla fine dalla stagione regolare; nessuno aveva digerito il pareggio interno a reti inviolate, né l'esclusione di Ciccio Pannitteri dal nostro tridente offensivo, quindi espormi in quel modo non fu una buona idea. Quando perdemmo al ritorno per 1-0 il mio rapporto con la piazza era compromesso. Il senso e lo scopo delle mie parole erano chiari a tutti, è altrettanto chiaro che la frustrazione per dover ancora una volta rinviare i propositi di rinascita non poteva essere assorbita.

Il disastroso inizio della stagione successiva, in cui la linea di attacco fu ridisegnata su mia indicazione con personaggi destinati ad essere ricordati per quello che non sono riusciti a fare, quali Alessandro Costa, Giuseppe Malafronte e Claudio Piperissa, fece il resto. Fu una delle più deprimenti stagioni del Catania, che fu poi portato in salvo dal mio successore Francesco Gagliardi. Non riuscii dunque a riconsegnare al club la C1 ingiustamente sottratta nel 1993, tuttavia non si può negare il fatto di essere una persona non banale, tanto è vero che dopo Catania mi cimentai con realtà calcistiche di frontiera, quali Iran e India.

Avevo un debole per le situazioni difficili, sia che si trattasse di realtà lontane e povere o del Catania impelagato in quarta serie.

Capitolo 23
Siniša MIHAJLOVIĆ
2009/10

Che notte, quella notte in cui battemmo l'Inter! Non era un'Inter qualsiasi, era quella del 2009/10, quella di Josè Mourinho, quella che avrebbe vinto tutto: scudetto, Coppa Italia e *Champions League*.

Andammo sotto all'inizio del secondo tempo dopo aver sprecato tanto nel primo, ma pareggiammo con Maxi López, che viveva il suo momento magico. Non finì lì. Calcio di punizione per noi dal limite dell'area di rigore sotto la curva Nord. Il tiro di Beppe Mascara venne respinto con un braccio dal nerazzurro Muntari: secondo giallo, espulsione e rigore che lo stesso Mascara trasformò con un cucchiaio. Nel finale ci pensò Martinez ad arrotondare il punteggio. Finì 3-1 per noi e capii che con quella sola partita ci saremmo tutti garantiti un posto speciale nella storia rossazzurra, visto che l'Inter non perdeva col Catania da 44 anni.

Nulla ad inizio stagione faceva presagire simili soddisfazioni. Arrivai in rossazzurro alla fine del girone di andata perché la squadra era ultima in classifica con soli nove punti. Al mio esordio perdemmo in casa una gara stregata con il Livorno, ma al turno successivo la spuntammo a Torino sulla Juventus e poi piegammo il Bologna, rimettendoci in carreggiata.

Il mio predecessore, Gianluca Atzori, mi aveva lasciato una squadra atleticamente messa bene, che pagò soprattutto l'inesperienza e l'inconsistenza del reparto offensivo. Io potei contare sul mio indiscusso carisma e sull'innesto decisivo di Maxi López, che in sei mesi realizzò ben undici reti. Ci misi del mio, trovando per esempio una collocazione ad Adrian Ricchiuti, centrocampista italo-argentino che aveva faticato a rendersi utile e al quale regalai una seconda giovinezza.

Capii subito l'ambiente in cui mi trovavo, facile alla depressione nei momenti neri, ma altrettanto propenso all'euforia al primo cenno di inversione di tendenza.

In breve cambiai l'inerzia di quel campionato nato male.

Battemmo la Lazio a Roma e uscimmo dalla zona

retrocessione, poi fu un crescendo: vincemmo 2-0 il derby col Palermo e dopo l'Inter battemmo la Fiorentina in una partita in cui segnammo subito e subimmo per i restanti 90' minuti più recupero. Era scritto che dopo 46 anni dovevamo tornare a battere pure i viola.

Ci salvammo in anticipo facendo 45 punti, un record fino a quel momento. In Coppa Italia arrivammo fino ai quarti di finale.

Mi trovai davvero bene, vivevo in un albergo sul mare ed ogni giorno i pescatori mi chiedevano cosa volessi mangiare, così facevo scorpacciate di pesce fresco e mi sdebitavo con biglietti omaggio e magliette.

Restai però solo sei mesi.

Era come se sapessi che avevo fatto il massimo possibile, anche se dopo di me il Catania visse stagioni ancora più esaltanti. Ad ogni modo sentivo che dovevo chiudere subito quell'esperienza e così scrissi una lettera aperta a tifosi e dirigenti in cui chiedevo comprensione per la mia scelta di inseguire altre ambizioni.

Purtroppo nel 2019 trovai un nemico bello tosto, la leucemia.

«Se sei nei guai, colpisci per primo» mi aveva insegnato mio padre, che avevo perso proprio alla fine della mia avventura catanese, e così feci, rendendo pubblica la malattia.

Vinsi il primo *round* grazie ad un trapianto di midollo e continuai il mio lavoro, facendo bene con il Bologna.

Poi il male tornò e non mi lasciò scampo portandomi via il 16 dicembre 2022, quando avevo solo 53 anni.

Capitolo 24

Vincenzo MONTELLA

2011/12

Allenai i rossazzurri nella stagione 2011/12. Il mio concetto di calcio si avvicinava a quello del Barcellona di Pep Guardiola, allora il club più forte d'Europa che aveva sdoganato il cosiddetto *tiki-taka*.

Quando arrivai avevo nel *curriculum* solo un brillante record di vittorie con la formazione giovanissimi della Roma e uno scorcio di campionato di A in cui avevo traghettato i giallorossi fino a fine stagione dopo le dimissioni di Claudio Ranieri.

Accettai di andare al Catania per restare su una panchina di A e perché era una piazza capace di valorizzare gli allenatori. Avevo a disposizione molti giocatori di talento, quali Maxi López, Ciccio Lodi, il *papu* Gómez, Pablo Barrientos, Gonzalo Bergessio, e un buon nucleo di uomini esperti ed ancora efficienti, come Sergio Almirón e Nicola Legrottaglie.

Lottare per la salvezza è difficile, eppure il nostro viaggio fu più che sereno, tanto che ci passammo lo sfizio di battere al "Massimino" sia l'Inter che il Napoli.

Dicevano intanto di me che a Catania avevo creato un "piccolo Barcellona".

Al giro di boa vantavamo otto punti di vantaggio sulla zona calda. Il girone di ritorno fu più avaro di soddisfazioni e piuttosto che insidiare la zona *Europa League* scivolammo lentamente verso una classifica più anonima.

Migliorammo comunque il fresco record della stagione precedente: 48 punti che ci valsero l'undicesimo posto.

Nel frattempo la coppia Pulvirenti-Lo Monaco era scoppiata e io me ne andai senza tanti convenevoli.

Poi la mia carriera proseguì fra alti e bassi in Italia e all'estero sempre a caccia del salto di qualità che mi riportasse in prima pagina.

Capitolo 25
Bruno PACE
1986-1989

Quando giocavo un giornalista mi soprannominò "il poeta del gol", prima che lo stesso appellativo fosse associato al più famoso Claudio Sala.

Io di gol ne facevo pochi, ma ero uno di sostanza, etichettato nei modi più disparati per le mie doti tecniche e caratteriali. Mi soprannominarono anche "matto", solo perché, in un'era in cui si imponeva la disciplina staccando le luci quando si era in ritiro o con i controlli telefonici quando si era liberi, io rivendicavo il diritto di essere giudicato solo per quello che facevo sul campo.

Mi portai dietro questa mentalità anche quando diventai allenatore. A Catania da *mister* andai più volte, sempre in condizioni difficili.

Non ho giustificazioni per la retrocessione in C1 del 1986/87, evitabilissima, l'anno successivo però scongiurai un nuovo capitombolo che sarebbe stato senza precedenti. Il neo-presidente Angelo Attaguile e la squadra erano in stato confusionale. Io subentrai a undici giornate dal termine e fummo costretti a spareggiare con la Nocerina per non retrocedere. Vincemmo 2-0 e salvammo non solo la categoria, ma anche il calcio a Catania: non so come sarebbe finita se davvero si fosse dovuta affrontare, per la prima volta, la retrocessione in quarta serie.

Guidai il Catania anche all'inizio della stagione successiva, ma quattro sconfitte consecutive a novembre mi costarono la panchina, che cedetti a Melo Russo, e l'addio al rossazzurro.

Me ne andai per le conseguenze di un infarto il 7 febbraio 2018, a 74 anni.

Capitolo 26
Maurizio PELLEGRINO
2002, 2014/2015

Il Catania è stata casa mia per gran parte della mia carriera. Anzi, per gran parte delle mie carriere, visto che in rossazzurro ho fatto il calciatore, l'allenatore e il dirigente.

Sono stato il classico uomo per tutte le stagioni e ho centrato due promozioni, una in campo e l'altra in panchina, come Carmelo Di Bella e come Pasquale Marino.

La prima impresa la firmai da giocatore, proprio insieme a Pasquale Marino e con Angelo Busetta allenatore. Era il 1994/95 e lottammo con il Milazzo per vincere il Campionato Nazionale Dilettanti e riportare il Catania nei professionisti dopo i noti fatti del 1993.

Nel 2002, invece, fui catapultato dai Gaucci in panchina nelle ultime due gare di campionato insieme a Ciccio Graziani, con cui affrontai i *play-off* che valevano la B. Quello fu il mio capolavoro, considerato che la cadetteria mancava da 15 anni.

Superato a fatica il Pescara del fresco ex Ivo Iaconi, vincemmo la finale di andata col Taranto grazie ad un gran gol di Michele Fini. Al ritorno i pugliesi ci aspettavano nel loro catino convinti di spuntarla, al punto da disegnare due grandi B sul manto erboso. Invece finì a reti bianche e a festeggiare fummo noi.

Doveva essere una parentesi, ma quando Osvaldo Jaconi si dimise alla vigilia della stagione successiva, io e Ciccio tornammo in panchina. Fummo i primi di una lunga serie di allenatori che tentarono inutilmente di dare un'identità ad una squadra schizofrenica e mal gestita. Dopo sei sconfitte in dodici partite fummo esonerati. La salvezza arrivò grazie alla lunga battaglia legale scatenata dal "Caso Martinelli" che portò all'allargamento della Serie B a 24 squadre.

Dopo altre esperienze in panchina e poche soddisfazioni, passai dietro la scrivania.

Nel Catania di Nino Pulvirenti fui a lungo responsabile dell'area tecnica, per tornare a fare il *mister* nel momento del drammatico ridimensionamento dopo anni di Serie A. Nel 2014 mi toccò traghettare la squadra nel finale di stagione, conquistando anche diverse vittorie quando però i nodi stavano venendo al pettine.

Inaspettatamente fui confermato anche per la stagione successiva, la seconda in cui Pulvirenti scommise su Pablo Cosentino come Amministratore Delegato. Feci quello che potevo, ma due sconfitte nelle prime tre giornate mi costarono il posto.

Il caos ormai aveva preso il sopravvento. Fui anche richiamato per qualche settimana a seguito delle dimissioni di Giuseppe Sannino, per poi cedere a mia volta la panchina a Dario Marcolin. La cosa peggiore fu che la retrocessione non arrivò sul campo bensì a tavolino, per la condotta illecita di Nino Pulvirenti che tentò di aggiustare alcune partite. Difficile capire se quella fu la condanna a morte per il glorioso sodalizio rossazzurro o se la fine era già stata scritta con la decisione di Pulvirenti di affidarsi a Cosentino, che fino ad allora aveva sempre fatto il procuratore.

Anche io mi illusi che ci potesse essere un'alternativa al fallimento e quando Pulvirenti dovette cedere con l'intermediazione del tribunale, misi in piedi una compagine di imprenditori, manager e commercialisti chiamata SIGI (Sport Investment Group Italia).

Gli aspiranti eroi della salvezza cominciarono però a perdere pezzi prima ancora di cominciare.

Portammo a termine la stagione 2019/20, drammaticamente condizionata dalla pandemia di COVID-19, con una dignitosa eliminazione al primo turno dei *play-off* promozione e Francesco Baldini in panchina.

Nel frattempo si prospettava la possibilità del passaggio di proprietà ad un gruppo di investitori rappresentato dall'avvocato americano Joe Tacopina, tuttavia la mole di debiti che superava i 50 milioni rese impossibile l'operazione su cui avevamo puntato tutto. Ci presentammo a fatica ai nastri di partenza del campionato 2021/22, ancora con Baldini in panchina e con una squadra capace di lottare per accedere ai *play-off*, traguardo modesto ma di cui la piazza si accontentava pur di sopravvivere.

Non c'erano però i presupposti per fare calcio, l'unica ambizione diventata anch'essa irraggiungibile, era rispettare le scadenze economiche.

La società chiuse ufficialmente i battenti il 9 aprile 2022 con l'ultima onta: l'esclusione dal campionato a tre giornate dal termine.

Fu il triste epilogo della mia lunga storia in rossazzurro, un epilogo che ho provato in tutti i modi ad evitare agendo anche contro logica.

L'imprenditore siculo-australiano Ross Pelligra si fece poi carico della ricostruzione e la storia ricominciò dalla Serie D.

Capitolo 27

Gennaro RAMBONE

1974/75, 1979/80, 1985/1987

Un uomo di mezza età, stempiato e un po' sovrappeso che litiga con un'intera tribuna rinfacciando a chi lo contestava la vittoria appena conquistata sarebbe l'immagine ideale per la copertina della mia biografia.

"Se non dovessimo vincere resterò perché magari a qualcuno sembrerà che voglia scappare, se vinciamo invece me ne andrò". Così avevo avvisato la città sabato 17 novembre 1979, il giorno prima del *match* casalingo col Montevarchi.

Sono Gennaro Rambone, classe 1935, e a Catania ho lasciato il segno in modo non banale: apparecchiare la tavola per chi sarebbe arrivato dopo di me. È accaduto in Serie C per due volte. Il mio *alter-ego* dirigenziale, Angelo Massimino, mi aveva chiamato nell'estate 1974 per rimediare alla retrocessione in terza serie firmata da Salvatore Coco.

Io lo aiutai a metter su una squadra adatta allo scopo ma già alla seconda gara di Coppa Italia eravamo ai ferri corti e me ne andai sbattendo la porta, così fu Egizio Rubino a mettere la firma su quella stagione da record. Quell'anno durante un allenamento, mi diedi all'inseguimento del terzino Codraro, con tanto di scarpa quasi lanciata addosso: non riusciva proprio a fare i movimenti che gli chiedevo e persi la pazienza. Ripensandoci era soprannominato "muratore" e un motivo doveva esserci.

Poi il brutto episodio avvenuto dopo la vittoria sul Montevarchi; quel pomeriggio ero stato beccato per tutta la partita e quando, a sette minuti dal termine, Carletto Borghi inzuccò in rete mandai platealmente a quel paese il pubblico. Eravamo ancora all'inizio del campionato ma tutto quanto avvenuto mi portò alle dimissioni. Quel torneo di terza serie sarebbe poi finito in trionfo con Lino De Petrillo in panca.

Non ero certo bravo a gestire le emozioni e forse nemmeno sul piano puramente tattico, il mio forte era mettere insieme il puzzle tecnico e lo dimostrai portando in rossazzurro i giocatori chiave di quelle due squadre vincenti: Ciceri, Prestanti,

Sorrentino, Casale, Borghi, Piga.

La mia storia di amore-odio con la piazza e con Angelo Massimino proseguì fra il 1985 e il 1987 in Serie B. Nel 1985/86 fui esonerato e poi richiamato portando in salvo la squadra guadagnandomi la conferma. L'anno dopo fui esonerato quando il terreno ci stava franando sotto i piedi e la squadra finì per retrocedere.

Tirando le somme, su quattro stagioni in cui assaporai il rossazzurro, due volte me ne andai sostanzialmente prima di iniziare.

Eppure chi visse quegli anni mi ricorda con affetto, ne sono certo.

Capitolo 28
Antonio "Mimmo" RENNA
1984/85

Ho vissuto una sola stagione alle falde dell'Etna, quella datata 1984/85. Una perfetta sintesi delle contraddizioni della gestione Massimino.

Vista ripiombare la sua squadra in cadetteria, il Cavaliere fece le cose per bene. Ingaggiò come Direttore Sportivo Giacomo Bulgarelli, mio compagno nel Bologna campione d'Italia, così da sedare gli animi dei tifosi, esacerbati dalle figuracce rimediate in A, e organizzare un organico ben assortito. Con i confermati Luvanor, Pedrinho, Giovannelli e Mastalli, e i nuovi arrivati Marigo, Polenta e Borghi, ero nelle condizioni di far dimenticare i miei recenti trascorsi al Palermo.

Al termine del girone di andata eravamo terzi, in piena corsa per l'immediato ritorno in Serie A che sarebbe stato il più repentino della storia rossazzurra. Purtroppo nel girone di ritorno scrivemmo un altro finale. Salutato Bulgarelli, mal sopportato da Massimino, perdemmo un importante punto di riferimento e vincere diventò ogni giorno più difficile. Ci riuscimmo solo una volta, in un rocambolesco incontro con il Padova. Il Cibali era un pantano e fu proprio il campo a salvarci, frenando sulla linea un tiro dei biancoscudati destinato in fondo al sacco e permettendoci di mantenere l'1-0. L'affanno crebbe con il passare delle giornate e ci riducemmo a giocarci la salvezza in un drammatico scontro diretto sul campo del Cagliari. Tenemmo lo 0-0 e scongiurammo la seconda retrocessione consecutiva. I sardi si salvarono poi a seguito della condanna del Padova per illecito sportivo.

Non c'erano i presupposti perché restassi, andai perciò a ricostruire su altre macerie, quelle del Taranto, che riportai in Serie B. Poi girovagai sulle panchine di mezza Italia, fra le quali quella del Giarre, che salvai in C1 nel 1990/91. Ovunque lasciai un buon ricordo, sia perché le mie squadre esprimevano un calcio arioso, moderno e piacevole, sia perché i miei modi garbati si facevano apprezzare anche fuori dal campo.

Me ne andai improvvisamente nella mia Lecce giorno 1 febbraio 2019, un mese prima di compiere 82 anni.

Capitolo 29

Egizio
RUBINO

1968-1971
1974-1976

Nacqui nella capitale d'Egitto, Il Cairo, il 10 ottobre 1919, il che spiega il mio nome. La mia lunga carriera da calciatore la vissi interamente in Sicilia, soprattutto con la maglia azzurra del Siracusa, squadra della città dei miei genitori.

Quando però passai al ruolo di allenatore lasciai il segno nella storia del Catania.

Tutto ebbe inizio nella stagione 1968/69, in Serie B. Erano gli anni della transizione delle squadre di calcio da club a Società per Azioni, trasformazione che comportava un'impostazione ben diversa. Per farla breve servivano soldi liquidi, molti soldi liquidi. Ignazio Marcoccio, che da un decennio faceva miracoli allestendo squadre competitive e ottenendo risultati strepitosi, si stava arrendendo alla realtà: non era più possibile stare in alto solo con la competenza e la diplomazia. Ecco dunque che si dovette abbracciare la linea verde, puntando su un esercito di giovani che non potevano dare certezze se non quella di far spendere poco. Non ero comunque un esordiente: avevo già condotto il Foggia alla salvezza in Serie A nel 1965/66 e sapevo che la sfida si poteva vincere. Fu una stagione di sofferenza, ma alla fine ci salvammo.

La stagione seguente arrivò la svolta: Marcoccio alzò bandiera bianca e passò il testimone ad Angelo Massimino, che da tempo finanziava il Catania anche se non era ben visto per i suoi modi ruspanti e il suo stile non impeccabile. In fin dei conti erano cose su cui si poteva passare sopra visto che adesso l'alternativa era chiudere i battenti. Con pochi ritocchi, *in primis* l'attaccante Aquilino Bonfanti, la squadra riuscì a riportare l'entusiasmo fra i tifosi e a riconquistare la Serie A. Memorabile fu l'ultima partita, quella decisiva in casa della Reggina davanti a diecimila catanesi che soffrirono con noi. All'intervallo il risultato era in equilibrio, segnammo poi a un quarto d'ora dal termine, ma restammo in dieci. Quando Bonfanti completò la sua doppietta per il 3-1 finale fu l'apoteosi. Conquistammo il terzo posto che valse la promozione e Bonfanti fu capocannoniere con 13 gol insieme ai varesotti Ariedo Braida e Roberto Bettega.

La città aveva ormai svestito i panni della "Milano del Sud" e nonostante rimanesse fra le maggiori realtà economiche del meridione era vittima del proprio autolesionismo. Fu in sostanza un periodo di transizione non solo nel calcio.

Già alla vigilia della nuova stagione di A fu chiaro che le istituzioni non volevano o non potevano aiutare Massimino, il quale, pur denunciando continuamente una situazione nota a tutti, andò avanti con le proprie risorse. Il mercato non fu semplice e si ridusse all'ingaggio di Romano Fogli, esperto centrocampista e *leader* designato, e al ritorno dell'attaccante Piero Baisi. La conferma di gran parte della squadra vittoriosa in B fu una conquista per nulla agevole, stante le pretese economiche di tutti i protagonisti.

In un clima di instabilità non certo ideale per propiziare i risultati, stentammo per tutta la stagione, sebbene la classifica molto corta testimoniava un campionato livellato. La salvezza ce la giocammo fino alla fine, prova ne sia che, caso più unico che raro in situazioni simili, restai al mio posto dalla prima all'ultima giornata. Finimmo comunque ultimi pur a soli quattro punti dalla zona salvezza. La stagione fu funestata dal tragico incidente stradale che costò la vita a Luciano Limena, promettente terzino che lasciò un enorme vuoto. La nota positiva fu il lancio del giovane Guido Biondi, anch'egli atteso da un destino ingiusto.

A fine stagione cambiai aria, per tornare nel 1974/75. Era cambiato il palcoscenico, con la squadra trascinata in C dalla gestione Coco, ma non le dinamiche, con Massimino che lottava da solo a caccia di un equilibrio mai trovato nei rapporti fra lui, la squadra, i tifosi e la stampa. Quel Catania avrebbe dovuto essere guidato da Gennaro Rambone, che però scappò via in piena polemica con Massimino. Era la squadra della coppia Spagnolo-Ciceri e la stagione fu esaltante. Il lungo testa a testa con il Bari fu estenuante. La svolta arrivò di nuovo a Reggio Calabria, sede della penultima trasferta. Anche quella volta partimmo male, addirittura con un doppio svantaggio, ma poi la spuntammo 3-2 e conservammo un prezioso punto di vantaggio sui galletti. Battuta la Casertana in casa, il conforto della matematica arrivò all'ultima giornata, con uno strepitoso successo sul piccolo campo della Turris: ancora una volta fu un trionfo indimenticabile.

Il ritorno in Serie B non fu indolore. Oltre al terzino Labrocca e alla mezzala Morra era arrivato l'argentino Dante Mircoli, che vantava grande esperienza internazionale ma che si dileguò ancor prima di esordire in campionato. La battaglia dei reingaggi e le diatribe con il Comune erano ormai una costante e minavano dalle fondamenta ogni progetto tecnico. Fra alti e bassi resistetti 24 giornate prima di cedere il posto a Guido Mazzetti.

A lui toccò condurre la squadra ad una faticosa salvezza, a me dispiacque chiudere la mia storia in rossazzurro con un esonero.

Me ne andai il 27 maggio 1990.

Capitolo 30
Carmelo "Melo" RUSSO
1988-1989

Il Catania era casa mia fin dagli anni '70, quando gestivo il settore giovanile e con il Catania ho centrato alla fine degli anni '80 un filotto da record forse dimenticato perché fu una serie zeppa di pareggi, sia pur al tempo dei due punti per vittoria.

Per anni avevo girovagato per la Sicilia togliendomi le mie soddisfazioni; mi permettevo il lusso di girare la provincia e scegliere le cittadine che più mi piacevano per poi propormi come allenatore della squadra locale. Il 4 dicembre 1988 però la storia era cambiata. Angelo Attaguile, affiancato da Franco Proto, aveva sbagliato tutto e il suo sogno di portare il Catania in B era naufragato dopo soli due mesi di campionato. Il rischio di retrocedere era concreto e Bruno Pace, che aveva salvato la squadra pochi mesi prima, fu esonerato. Fui promosso da allenatore della Primavera a *mister* della prima squadra. Contro il Cagliari di Claudio Ranieri, destinato alla promozione, fu il classico esordio col botto. La squadra tenne lo zero a zero con sacrificio e dedizione poi, negli ultimi minuti, cominciò un'altra partita. Passammo in vantaggio grazie a un rigore procurato e trasformato da Nicola D'Ottavio, poco dopo però un intervento scomposto nella nostra area diede al Cagliari la possibilità di raggiungerci ancora dal dischetto. Enrico Nieri, che era in porta per la squalifica di Marco Onorati, compì il miracolo indovinando l'angolo scelto da Coppola e facemmo festa. Da allora perdemmo pochissimo, anche se vincemmo altrettanto raramente. Per chi doveva tirarsi fuori dai guai quel ruolino di marcia andava più che bene e nelle 17 partite che ci separarono dalla sconfitta nel ritorno con il Cagliari collezionammo undici pari, quattro vittorie e una sconfitta. Finimmo decimi e fui confermato per la stagione successiva, quando ressi 17 partite prima di venire sostituito da Angelo Benedicto Sormani a causa del perdurare della "pareggite", che mal si sposava con le presunte e infondate ambizioni di promozione.

Lasciai la squadra lontana dalla zona pericolosa con un bilancio complessivo di cinque sconfitte in 39 partite.

Capitolo 31
Diego SIMEONE
2010/11

Catania fu la mia prima esperienza da allenatore in Europa.

Arrivai in rossazzurro il 19 gennaio 2011, il club affrontava il quattordicesimo campionato di Serie A (il quinto consecutivo) e vantava un margine di tre punti di vantaggio sulla zona retrocessione. La squadra era costituita in prevalenza da argentini e per me l'intesa con i giocatori fu naturale. Nel mercato di riparazione perdemmo un po' in fantasia con la cessione di Peppe Mascara al Napoli e il prestito di Pablo Barrientos all'Estudiantes. Arrivarono però il regista Francesco Lodi, cecchino implacabile sui calci di punizione, e l'attaccante Gonzalo Bergessio.

La mia mano si sentì più sul piano caratteriale che sulla qualità del gioco e l'inizio non fu facile, con due sconfitte nelle mie prime due gare e la prima vittoria sopraggiunta in un rocambolesco scontro salvezza con il Lecce. Quell'incontro fu rimesso in piedi nel finale proprio da due gol su punizione di Lodi, per il 3-2 che ci mise nelle migliori condizioni per affrontare serenamente il campionato.

Acquisimmo determinazione e cominciammo a divertirci, centrando qualche bella soddisfazione, come il sonoro 4-0 inflitto al Palermo, o il 2-2 in rimonta sul campo della Juventus sancito ancora da un piazzato del nostro specialista. A fine stagione festeggiammo la salvezza con il tredicesimo posto, a quota 46 punti, migliorando il bottino finale per il terzo anno consecutivo.

A giugno me ne andai. Mi aspettavano altre avventure con le mie ex squadre, prima in patria alla guida del Racing, poi in Spagna con l'Atletico Madrid, con cui raggiungerò traguardi inimmaginabili, sia nella *Liga* che in Europa.

Catania è stata una preziosa palestra che mi ha permesso di riempire la mia cassetta degli attrezzi da tecnico.

Capitolo 32
Giovanni SIMONELLI
1999/2000

Ho trascorso una sola stagione alla guida del Catania, quella 1999/2000, l'ultima dell'era dei Massimino.

Restai in panchina dalla prima all'ultima giornata e conquistai il settimo posto. Nulla di eccezionale, certo, ma lo ritengo un buon risultato poiché la squadra era tutta nuova e mancava da sei anni dalla terza serie per le tristi vicende giudiziarie del 1993.

Non penso che il mio ricordo scateni grandi entusiasmi fra i tifosi, però non credo ci sia qualcuno che mi abbia dimenticato. Mi chiamavano "il professore" o "il filosofo", non so se per la mia laurea in lettere classiche o per le mie originali disamine post-gara, quando spesso le interviste diventavano gag surreali. Una volta mi chiesero se fossi d'accordo con le cosiddette "pagelle" stilate dal giornalista di turno e io risposi che a malapena riuscivo a valutare la prestazione di un solo giocatore a partita. Il mio interlocutore rispose: «*Allora noi che valutiamo tutti i ventidue giocatori in campo siamo dei folli?*». Io non potei che annuire.

Un altro marchio che mi rimase sulla pelle fu non aver compreso Riccardo Zampagna, che facevo giocare da esterno senza profitto e che, di lì a poco, avrebbe fatto sfracelli da centravanti, ma al Messina.

Dopo una carriera da portiere iniziata alla Paganese in D nel 1973/74 con un record di 11 partite senza subire gol, mi ero cimentato come tecnico ed avevo sfiorato i *play-off* promozione per la B con la Nocerina 1998/99.

Ritrovai il Catania da avversario in un altro momento storico, quello della finale di Taranto dei *play-off* del 2002, con cui allungai la mia serie di sconfitte agli spareggi per la gioia dei miei ex tifosi.

Capitolo 33

Nedo SONETTI
2004/05

Arrivai al Catania nel 2004/05, in Serie B. Il mio amico Pietro Lo Monaco aveva esagerato con i suoi soliti azzardi di mercato, in particolare scommettendo su Maurizio Costantini, che aveva poca esperienza. Poi aveva acquistato tante teste calde forti solo di un buon *curriculum*: il difensore Salvatore Fresi, il centrocampista Johan Walem gli attaccanti Davor Vugrinec e Marco Ferrante, tutta gente che non si era integrata con il gruppo dei "gregari". Aggiungete che la rosa era stata rifatta da zero e avrete la ricetta perfetta per mettere in difficoltà un allenatore.

Si faticava tanto e la piazza ribolliva, così il problema divenne tenersi lontani da certi rischi e si dovette cambiare rotta portando gente di categoria e con la testa sulle spalle. Parlo dei difensori Cristian Silvestri e Cèsar, dei centrocampisti Mezavilla e Menegazzo, della mezzala Matteo Serafini e dell'attaccante Jeda.

Ma prima ancora, saltò Costantini, che non aveva trovato l'intesa con lo spogliatoio. Secondo molti addetti ai lavori io sarei potuto essere invece la persona giusta per rassicurare la piazza e fare concentrare i giocatori. A ciascuno di noi, in buona sostanza, toccava dare il massimo e io non mi tirai indietro continuando a premiare chi aveva fatto il suo pur non avendo (ancora) un nome, a cominciare dal centrocampista Fabio Caserta.

Ero considerato della vecchia scuola, il che è sinonimo di durezza, esperienza e pragmaticità, tutte doti che ostentai da subito. L'autorità che mi derivava dalle cinque promozioni in A che avevo collezionato, l'epurazione di chi remava contro e la collaborazione di chi rimase e dei nuovi innesti ci permisero di metterci presto al sicuro. Grazie a un cammino regolare non rischiammo di retrocedere anzi sognammo, anche se per poco, di agganciare i *play-off*. Come spesso mi capitava, dopo aver raggiunto l'obiettivo della salvezza non venni confermato.

Quella squadra, opportunamente ritoccata, un anno dopo avrebbe riportato a Catania la Serie A dopo oltre vent'anni.

Capitolo 34
John Benjamin
TOSHACK
2002/03

Un allenatore gallese a Catania potrebbe sembrare una tessera fuori posto, ma nella realtà non è così. Nel novembre 2002 Riccardo Gaucci, un presidente sempre più in confusione, volle che fossi io il terzo inquilino della panchina rossazzurra in una sbalorditiva stagione di Serie B.

Le sfide difficili, d'altronde, erano state una costante fin dall'inizio della mia carriera. Avrei voluto cominciare dalla squadra della mia città, il Cardiff, ma quando mi proposi come giocatore-allenatore non mi ritennero all'altezza e nel 1978 accettai l'offerta dei rivali storici dello Swansea, che militava in quarta serie.

Ero il più giovane allenatore in *Football League* e condussi il club a traguardi inimmaginabili: tre promozioni di fila, una coronata da un mio gol decisivo. Al primo anno in *First Division* stazionammo a lungo in alto e chiudemmo sesti.

Un tale Huw Richards scrisse di me che facevo sembrare Re Mida un muratore e che se avessi deciso di schierarmi in porta probabilmente avrebbe comunque funzionato ma poi l'incantesimo si spezzò. Lo Swansea fece il percorso inverso e finì anche in bancarotta, forse anche per colpa delle spese elevate fatte durante la mia gestione.

Nel 1989 sbarcai al Real Madrid che era stato definito dal presidente Ramón Mendoza il migliore degli ultimi 25 anni. Portammo a casa il quinto campionato consecutivo con 107 gol all'attivo, un record.

Una volta criticai aspramente il mio portiere, Albano Bizzarri - uno che al Catania avrebbe lasciato il segno anni dopo - dicendo che vedere come aveva preso gol mi aveva fatto piangere. Il presidente mi chiese di correggere il tiro, ma rifiutai: era quello il mio modo di motivare la squadra.

Ero dunque abbastanza navigato da poter guidare il Catania.

Sebbene avessimo chiare difficoltà a concretizzare, il mio gioco fatto di tanto possesso palla conquistò presto tutti. Vincere fuori casa rimase un'impresa pressoché impossibile ma la cosa grave era che lontano da Piazza Spedini non riuscivamo nemmeno a pareggiare.

Una volta dissi che vincere sempre non è necessariamente un bene, ma proprio in quel frangente constatai che perdere sempre è peggio. Ero fiducioso che sarei riuscito ad invertire la tendenza, ma a Napoli Riccardo Gaucci mi criticò per non aver schierato i nuovi acquisti e io me ne andai senza pensarci due volte.

Il mio bilancio di quattro vittorie e sette sconfitte fotografa perfettamente quel Catania, che vanificava in trasferta ciò che di buono faceva in casa.

Continuai a girare il mondo facendo anche il Commissario Tecnico del Galles e della Macedonia, per poi misurarmi con il campionato del Marocco, mentre quella in rossazzurro restò la mia unica esperienza italiana.

Capitolo 35
Luigi VALSECCHI
1966, 1967/68, 1971, 1973

Sono stato un emigrante al contrario. Nato a Venezia il 17 agosto 1921, da calciatore ho toccato l'apice al Palermo, conquistando la Serie A nel 1947/48 ed esordendo nel massimo campionato. Poi cominciai ad allenare nei campi di provincia: Ragusa, Milazzo, Barcellona, fino ad approdare in rossazzurro nel 1960/61. Fu l'inizio di una lunga militanza che mi ha fatto guadagnare un posto nella storia del club, del quale sono stato un fidato dipendente. Avevo il ruolo ingrato di allenatore in seconda che veniva promosso "titolare" quando serviva la cosiddetta "soluzione interna" per traghettare la squadra a fine stagione o nelle mani di un altro allenatore.

Successe per la prima volta nel 1965/66, in Serie A, quando la squadra non sembrava credere nei propri mezzi, sconfortata dai risultati che la relegarono subito nei bassifondi della classifica. D'altra parte era quasi impossibile rimpiazzare giocatori come Cinesinho e Danova, così il periodo d'oro della Serie A della gestione dei fratelli Ignazio e Umberto Marcoccio e di Michele Giuffrida volse al termine. Quella volta Carmelo Di Bella provò a portare la nave in porto, ma dopo la batosta contro il Torino (sconfitta per 4-0) si dimise, anche se il club trovò la rispettosa formula della "messa a riposo" per mantenerlo nello staff tecnico ed entrai in scena io. Mancava una partita al giro di boa e tentai l'impossibile per rimetter in sesto la squadra. Riuscimmo in una clamorosa vittoria col minimo scarto contro l'Inter di Herrera campione del mondo e destinata allo scudetto, ma fummo condannati dagli scontri diretti, in particolare dalla sconfitta interna con la Sampdoria. Subimmo perfino un turno di squalifica a seguito delle intemperanze del pubblico all'ultima in casa con il Torino.

Nel dicembre 1967, in B, si ripeté un copione molto simile. La panchina era stata affidata al "duro" Dino Ballacci. Nonostante le potenzialità non mancassero, eravamo impantanati in zona retrocessione, così ebbi una seconda possibilità. Inanellammo cinque vittorie consecutive che mi valsero l'attribuzione di miracolose doti terapeutiche e un temerario paragone con il chirurgo sudafricano Christiaan Barnard, che aveva intanto praticato il primo trapianto di cuore della storia.

La rincorsa proseguì ma alla fine non riuscimmo a fare meglio del decimo posto e nella stagione successiva tornai a fare il secondo, stavolta di Egizio Rubino.

Nel 1970/71 guidai la Massiminiana che giunse terza nel Girone I di Serie D, quindi il mio destino tornò ad intrecciarsi con quello del Catania.

Nel 1971/72 la piazza si aspettava ancora di lottare per la massima serie, ma quelli erano anni difficili per il club. Il nuovo regime di S.p.A. aveva messo in crisi il modello Marcoccio, che era comunque rimasto in seno alla società dove però i soldi li metteva Angelo Massimino. Fra correnti interne ed equilibrismi politico-finanziari si affrontava la B con negli occhi ancora i trionfi della A, il cui ricordo impediva di guardare in faccia la nuova realtà. Un pomeriggio la dirigenza affidò la panchina a Calvanese allenatore, ma poiché "Todo" non aveva il patentino, mi chiesero di far da prestanome per aggirare il regolamento. Le cose non andarono però bene e ci volle un nuovo aggiustamento. La soluzione fu il ritorno di Carmelo Di Bella, con cui ricomposi la coppia degli anni belli, di nuovo come suo vice. C'era però una fazione ingestibile di tifosi pronta a reagire male agli imprevisti del campo. Per colpa di questi scalmanati ci trovammo a giocare nove partite del girone di ritorno in campo neutro. C'erano stati due distinti episodi di violenza che avevano provocato molti feriti, diversi arresti e tanti danni al glorioso "Cibali". Nonostante fossimo una squadra di tutto rispetto, questo *handicap* ci impedì di andare oltre l'ottavo posto.

Le beghe societarie non davano tregua. Massimino preparò al meglio la rosa per il campionato 1972/73 ma poi si fece da parte per cedere la presidenza a Salvatore Coco, pur restando l'azionista di riferimento. Di Bella lavorò bene e solo nelle ultime giornate il sogno promozione svanì.

A quel punto si sperava di riprovarci l'anno seguente, ma

durante un tumultuoso ritiro precampionato Don Carmelo se ne andò sbattendo la porta. Toccò a me per qualche settimana gestire il gruppo, prima della nomina di Guido Mazzetti come allenatore titolare. Le cose però non andarono secondo i piani e, invece di lottare per la A, cominciammo a scivolare nelle retrovie. Coco esonerò Mazzetti e mi affidò la squadra per qualche giornata ma il Catania tornò in C dopo venticinque anni.

La mia ultima esperienza in rossazzurro fu nella stagione 1976/77, quando Angelo Massimino mi chiese di ritornare al mio solito ruolo di "secondo" di Carmelo Di Bella. La magia degli anni d'oro era purtroppo svanita e a fine stagione fu ancora una volta retrocessione.

Non avrei voluto certo chiudere così, ma il mio spirito di servizio era intatto e non avrei mai detto di no al Catania, cui diedi tutto quello che potevo dare.

Mi spensi nella "mia" Venezia il 21 ottobre 1989.

Capitolo 36
Walter ZENGA
2008-2009

Sono stato una delle scommesse della coppia Pulvirenti-Lo Monaco. Arrivai a Catania nell'aprile 2008 quando la squadra era in confusione e, dopo un buon inizio, rischiava grosso.

Fui catapultato in panchina direttamente dagli studi della Domenica Sportiva, cui partecipavo come "opinionista". Era la mia occasione, finalmente. In Italia non ne avevo avute, tolta una breve esperienza al Brera in D. Avevo fatto gavetta all'estero, fra Romania, Serbia-Montenegro, Turchia ed Emirati Arabi.

Portai a termine la missione salvezza all'ultima giornata con un sofferto pareggio con la Roma, agguantato quando i sogni tricolore degli ospiti erano svaniti per la concomitante vittoria dell'Inter a Parma.

Rimasi l'anno seguente e, sia pure senza sfoggiare un gioco entusiasmante, guadagnai una comoda salvezza anticipata, tanto che il finale disastroso non compromise nulla. Mi ero portato dietro uno stratega dei calci piazzati, Gianni Vio e, per ironia della sorte, segnammo su punizione solo nella splendida vittoria sul Torino (3-2), in cui Beppe Mascara infilò il pallone all'angolino e l'unico schema consistette nel mettere lo spilungone Plasmati in barriera con i calzoncini abbassati per distrarre il portiere granata e ostruirgli il più possibile la visuale.

Fu lo stesso un anno magnifico, perché, a fronte di diversi successi di misura al "Massimino" e tante disfatte esterne, dilagammo nelle gare che contavano: i derby con il Palermo. Il 2-0 al "Massimino" era già stato memorabile, ma fu al ritorno che facemmo la storia.

Agevolati dalla precoce espulsione di Mark Bresciano, andammo in vantaggio con Ledesma su assist di Morimoto e raddoppiammo con lo stesso giapponesino poco dopo, prima che Beppe Mascara triplicasse con un gol incredibile che sorprese Amelia da metà campo. Nella ripresa fu Michele Paolucci a coronare una giornata indimenticabile.

Archiviati l'ubriacante successo e la stagione, ce la misi tutta per rovinare il rapporto con la piazza. Andai infatti proprio al Palermo. Come ammisi qualche tempo dopo, i soldi del *patron* rosanero Maurizio Zamparini mi indussero a una scelta sbagliata. Non avevo infatti compreso che in quel momento Catania era la piazza ideale per crescere. Si lavorava in tranquillità, con le dovute tutele da parte di una società che non amava mettere più allenatori a libro paga e aveva tutto l'interesse a proteggerli dagli umori ondivaghi della piazza. Tutto il contrario di quanto avveniva nel capoluogo, dove venni esonerato a novembre, dopo il pareggio interno proprio con il Catania.

Dopo quella esperienza tornai a girovagare in varie piazze, faticando a trovare la stessa congiunzione astrale che mi aveva permesso di far bene in rossazzurro.

Bibliografia

- Antonio Buemi, Carlo Fontanelli, Roberto Quartarone, Alessandro Russo, Filippo Solarino, *Tutto il Catania Minuto per Minuto*, Geo edizioni, 2011.
- Antonio Buemi, Carlo Fontanelli, Roberto Quartarone, Alessandro Russo, Filippo Solarino, *Il rosso, l'azzurro - Catania, novant'anni di una maglia*, Geo edizioni, 2020.
- Carmelo Gennaro, Luigi Prestinenza, *Dal fondo un traversone. Sessant'anni di Catania Calcio*, A&B editrice, 2003.
- Gianni Mura, *Ero un calciatore libero, non cambierò certo ora*, Repubblica, 31 luglio 1981.
- Roberto Quartarone, *Due eroi in panchina*, Edizioni InContropiede, 2016.
- How Richards, *Il vangelo secondo l'alchimista* da *Il mio anno preferito*, a cura di Nick Hornby, Guanda, 2008.
- Alessandro Russo, *Busetta, il Trapattoni di Catania*, Il Calcio Catania, organo ufficiale, Anno VII n.1, Gennaio/Febbraio 2008.
- Alessandro Russo, *Il russo-azzurro*, Algra, 2016.
- Tony Zermo, Mario Continella, *Il Catania Promosso*, Industria Tipografica Editoriale Siciliana, 1970.

Sitografia

- Vincenzo Anicito, *Gli 80 anni di anni di Angelo Busetta*, Gazzetta Rossazzurra, consultato il 7 dicembre 2022.
- Piero Armenio, *Catania-Cagliari 1988: storia di un calcio di rigore (anzi due)*, tuttoilcataniaminutoperminuto.it, consultato il 6 novembre 2021.
- Simone Braconcini, *Carmelo Di Bella, il Mago del Sud*, 9 settembre 2022, consultato il 24 agosto 2023.
- *Il caso Martinelli*, diariossazzurro.altervista.org, consultato il 29 ottobre 2022.
- *Il Caso Catania*, diariossazzurro.altervista.org, consultato il 4 ottobre 2022.
- *Marco Giampaolo, l'oscillazione del maestro: dalle idee visionarie, fino al ritorno alla Sampdoria*, Footballnews24.it, consultato il 9 agosto 2023.
- Jacopo Gozzi, *Sinisa Mihajlovic, amabile guerriero*, Rivista Contrasti, 16 dicembre 2022, consultato il 14 febbraio 2023.
- Emanuele Gullo, *La bella favola del piccolo Castel di Sangro in Serie B*, Il Nobile Calcio, 3 gennaio 2023.
- Matteo Mancini, *La favola del Castel di Sangro*, Rivista Contrasti, 19 gennaio 2021. Consultato il 7 gennaio 2023.
- *MessinaStory: storia del Messina Calcio*, consultato il 7 dicembre 2022.
- Valerio Moggia, *Czeizler e il calcio totale alla svedese*, PallonateInFaccia.com, 3 aprile 2022, consultato il 23 dicembre 2022.
- Stefano Olivari, *Bruno Pace fece tendenza*, Il Nobile Calcio, 1 gennaio 2022, consultato il 15 maggio 2023.
- Alessandro Russo, *Ricordando Mimmo Renna*, CalcioCatania.com, 1 febbraio 2019, consultato il 7 febbraio 2023.
- Lorenzo Serafinelli, *La squadra di Arkan*, Rivista Contrasti, 26 luglio 2021, consultato il 14 febbraio 2023.

- *Filippo Solarino, Géza Kertész, lo Schindler del Catania*, I Vespri, 16 aprile 2011.
- *Nedo Sonetti, la coscienza di Nedo*, Tacchetti di provincia, consultato il 7 agosto 2023.
- *Svizzera 1954 i mondiali della Squadra d'Oro e del Miracolo di Berna*, La Biblioteca di Alessandria, YouTube, 4 aprile 2022, consultato il 28 dicembre 2022.
- Wikipedia, *Piero Andreoli*, consultato il 4 giugno 2023.
- Wikipedia, *Francesco Baldini*, consultato il 2 agosto 2023.
- Wikipedia, *Salvatore Bianchetti*, consultato il 21 gennaio 2023.
- Wikipedia, *Lajos Czeizler*, consultato il 28 dicembre 2022.
- Wikipedia, *Carmelo Di Bella*, consultato il 10 agosto 2023.
- Wikipedia, *Vincenzo Guerini*, consultato il 2 giugno 2023.
- Wikipedia, *Rolando Maran*, consultato il 14 ottobre 2023.
- Wikipedia, *Guido Mazzetti*, consultato il 21 luglio 2023.
- Wikipedia, *Gianni Mei*, consultato il 25 giugno 2023.
- Wikipedia, *Bruno Pace, consultato il 15 maggio 2023.*
- Wikipedia, *Maurizio Pellegrino*, consultato il 9 giugno 2023.
- Wikipedia, *Egizio Rubino*, consultato il 25 settembre 2023.
- Wikipedia, *Giovanni Simonelli*, consultato il 28 gennaio 2023.
- Wikipedia, *Nedo Sonetti*, consultato il 2 agosto 2023.
- Wikipedia, *Luigi Valsecchi*, consultato il 10 settembre 2023.

Artista digitale autodidatta con la fissa per le caricature e il Calcio Catania, è l'*alter ego* di Antonio Buemi, co-autore del libro "Tutto il Catania Minuto per Minuto" e collaboratore dell'omonimo sito internet.

Sito: tuttoilcataniaminutoperminuto.it
Blog: bant.altervista.org
Facebook: BAnt
Instagram: @Bant_draws
Pinterest: www.pinterest.it/bantartblog

Pubblicato nel Novembre 2023.

N.B.: testo e immagini sono proprietà dell'autore, vietata la riproduzione, anche parziale, a qualsiasi titolo.

Printed in Great Britain
by Amazon